Francis Xavier Weninger

Ostern in Himmel

Francis Xavier Weninger

Ostern in Himmel

ISBN/EAN: 9783743337848

Hergestellt in Europa, USA, Kanada, Australien, Japan

Cover: Foto ©Thomas Meinert / pixelio.de

Manufactured and distributed by brebook publishing software
(www.brebook.com)

Francis Xavier Weninger

Ostern in Himmel

Ostern

im

Himmel,

von

P. F. X. Weninger,

Missionär der Gesellschaft Jesu.

Zehnte Auflage

New-York, Cincinnati u. St. Louis.
- Verlag von Benziger Brothers,
Typographen des heil. Apostolischen Stuhles.
1876.

Bischöfliche Approbationen.

Worte des Hochwürdigsten J. B. Purcell, Erzbischof von Cincinnati, aus dem "Catholic Telegraph."

Während soeben die irdischen Bande des berühmten P. Faber sich lösen, scheint sein bewunderungswürdiger Schriftstellergeist sich über P. Weninger — den Faber von Amerika — herabzusenken, der sich zweifelsohne einen Weltruhm durch seine himmlischen Betrachtungen erwirbt, da dieselben den Geisteserhebungen und himmlischen Entzückungen eines heiligen Bernard, Bonaventura und einer heiligen Theresia gleichen. Wir fordern Alle auf, denen es Ernst ist, Ostern im Himmel zu feiern, sich dieses merkwürdige Buch zu verschaffen und dasselbe recht zu betrachten.

Das New-Yorker Tablet bringt noch folgende Approbationen:

Lieber P. Weninger! — Nachdem ich Ihr Buch: „Ostern im Himmel" aufmerksam durchgelesen, freut es mich Euer Hochwürden sagen zu können, daß mir durch dasselbe besondere Freude und große Erbauung zu Theil geworden. Die Erhabenheit seines Tones und seiner Gedanken, seine glücklichen Illustrationen und herrlichen Schilderungen stehen im schönsten Verhältniß zu dem lebhaften und eleganten Style. Als eine Monographie, welche in lebendiger Weise auf die innige Verbindung zwischen der kämpfenden und triumphirenden Kirche hinweiset kann es nicht verfehlen dem aufmerksamen Leser einen Vorgeschmack der ewigen Freuden zu geben. Ich empfehle das Werk aufs Wärmste den Gläubigen meiner Diözese.

† Martin Spalding,
Bischof von Louisville.

Hochwürdiger, theurer Herr! Ich danke Ihnen hiemit vom Herzen für Ihr letztes Werk: „Ostern im Himmel." Ich finde bei Durchsicht desselben, daß es ein äußerst interessantes Buch ist, dem ich eine große Verbreitung vorhersage. Ich möchte es in den Händen so vieler Leser als möglich sehen; es wird dieselben, davon bin ich überzeugt, bewegen, immer sorgsamer für jene große und herrliche Heimath zu arbeiten, für welche wir erschaffen wurden.

† Johann Heinrich,
Bischof von Fort-Wayne.

Ebenso günstig lauten die Urtheile der kathol. Presse überhaupt.

Entered according to Act of Congress, by
Rev. F. X. Weninger, S. J.
In the Clerk's office of the District Court of the United States, for the Southern District of Ohio.

Jesu und Mariä

und

Allen Heiligen des Himmels

seien diese Blätter geweiht

mit dem sehnsuchtsvollen Verlangen

bald bei Ihnen für ewig zu sein.

Dreißig Jahre sind nun vorüber, seit ich in die Gesellschaft Jesu eingetreten. Da schrieb ich einige Gedanken über den Himmel nieder.

Ich versiegelte das Manuscript, und als ich nun nach so vielen Jahren dasselbe eröffnete, da gewahrte ich, in dieser meiner Schrift, noch Funken von einst gehabten Erleuchtungen.

An diesen Funken zündete ich, im Wehen des heiligen Geistes, eine Fackel an, und blickte zum Himmel auf, und was ich da sah, das soll Dir dieses Buch erzählen.

(v)

Theurer Leser, bitte für Dich und mich, daß die Lesung dieser himmlischen Betrachtungen Dich einst höher in der Glorie erhebe, und daß Du dort mich mit diesem Jubelruf einst begrüßest: Ja Vater! der Himmel ist so, wie Du ihn mir beschrieben, und noch unendlich mehr.

Der Autor.

Cincinnati, Charsamstag, 1863.

Ostern im Himmel.

.

Einleitung.

⌘

> Wir aber schauen es nur wie durch einen
> Spiegel im Dunkel; doch einst von Angesicht
> zu Angesicht. 1. Cor. 13, 12.

Wenn ich meine Gedanken über die Freuden des
Himmels niederschreibe, so habe ich dabei ein
dreifaches Ziel vor Augen.—Ich möchte fromme
Seelen ermuntern und antreiben, öfter als bisher
an den Himmel zu denken, mit größerer Sehnsucht
nach dem Himmel zu trachten, und ihren Willen zu
stärken, um mehr für den Himmel zu thun und zu
leiden, als das bisher der Fall gewesen.

Dieser Gegenstand bedarf um so mehr der Nach=
hilfe, da der Erfahrung gemäß selbst fromme, und
sonst dem Gebet ergebene Seelen, eigentlich so selten
betrachtend an den Himmel denken, und eben bei die=
ser Betrachtung so wenig zu finden scheinen, was ge=
eignet wäre ihren Geist zu beschäftigen, und die Be=
trachtung selbst für das Leben zu befruchten.—Selbst,
was die Bücher betrifft, wie wenig liest man in den=
selben von den Freuden des Himmels?

Wohl bemerkte schon Salomon, „daß des Bücher=
schreibens kein Ende sei.‟ Doch selbst in dieser un=
serer schreibseligen Zeit, hat man sich wohl über die
Menge der Bücher zu beklagen; die sich den Himmel
zum ausschließlichen Gegenstand erwählt?

Ich staune und frage: Weiß man denn wirklich
nur so wenig vom Himmel? Oder muß man gerade=
zu ein heiliger Johannes der Evangeliste sein und
mit Augen in den Himmel einblicken, oder wie ein
heiliger Paulus bis in den dritten Himmel entzückt
werden, um über die Freuden des Himmels mit
Trost und Nutzen zu betrachten?

Ich meine nicht; sondern mich dünkt im Gegen=
theil, wir fänden wohl kaum einen zweiten Gegen=

stand, der so geeignet zur Betrachtung wäre als eben
der Himmel; und der zugleich so vielseitig und so
ermunternd an unser Herz spräche, als eben die Freu=
denwonne, die er uns ahnen läßt.

„Zum Himmel das Herz!" So ruft uns täglich
die Kirche durch den Mund ihrer Priester zu; und
die Antwort des Volkes: „Wir haben es erhoben
zum Herrn," zeigt an, wie sehr einerseits die Kirche
es wünscht, daß wir täglich unser Herz himmelwärts
erschwingen, und wie andererseits eben diese Stim=
mung uns als ihre wahren Kinder bezeichne.

Es kann dieser Herzens=Aufschwung auch nicht
schwer werden, wenn wir nach der Mahnung des
Weltapostels, die Freuden des Himmels in den Gü=
tern und Freuden der Kinder Gottes auf Erden wie
im Spiegel betrachten und vergleichen. Was Freude,
wahre Freude hier ist, das ist auch Freude dort, da
die heilige Schrift den Himmel mit Auszeichnung das
Reich der Freude nennt; nur ist jede Freude
dort unermeßlich höher, edler, inniger, beseligender,
weil ganz eigentlich göttliche Freude, wie der Herr
uns selbe durch sich und seine seligen Geschöpfe einst
zuwendet.

Was ich darüber hier sage, ist freilich einerseits nur selbstgewählte Auffassung der im Lichte des Glaubens sich erhebenden Phantasie; ist aber doch andererseits Wahrheit zugleich: denn jede der Freuden, von welchen ich rede, ist aus Gott, und mithin im Himmel als dem Reich der Freude, wenn auch nicht so wie ich sie hier betrachte, so doch noch gewiß unendlich beseligender, was unser Herz nur noch mächtiger zum Himmel erheben, und uns mit noch größerem Jubel der Erwartung erfüllen soll.

Damit ich aber meine Gedanken und Erleuchtungen den frommen Lesern auch geordnet mittheile und die Freuden des Himmels so anschaulich als möglich betrachte, will ich mir eine Seele denken, die das Fegfeuer verläßt, in den Himmel einzieht, und dort in der Gemeinschaft der Engel und Heiligen das Osterfest himmlischer Freude feiert.

Ostern ist das Erinnerungsfest der Auferstehung Christi, seines Sieges über Tod und Hölle, und ist somit auch das Unterpfand unserer Auferstehung, und unserer Siegesfreuden mit Christus. Es ist demnach ganz eigentlich das Freudenfest des Himmels.

Wer hätte auch wohl je Ostern im Geiste der Kirche gefeiert, ohne bei dem Alleluja, welches die Kirche bei der Charsamstag=Messe anstimmt, in seinem Her= zen die Anklänge dieser himmlischen Osterfreude zu verkosten, und was einst kommen soll, gleichsam vor= zuempfinden.

Daß besonders in dieser gottesdienstlichen Be= ziehung die Freude der Kinder Gottes auf Erden ein Vorgeschmack und zugleich ein Abglanz der himmli= schen sei, geht aus der ganzen vorbildlichen Bezie= hung der streitenden zur triumphirenden Kirche selbst hervor.

Warum sollte es mir nicht gestattet sein, meine Betrachtung über den Himmel gerade den Ceremo= nien des heil. Charsamstags anzureihen? Es sind dies eigentlich die Ceremonien des heil. Ostertages selbst. Sie werden derzeit nur deshalb von der Kirche nicht mehr in der Oster=Nacht, sondern am Char= samstag bei Tage gefeiert, weil dieselben bei Tage mit weniger Anstrengung, als bei der Nacht vollzogen werden, und um zugleich das große Verlangen der Kirche auszudrücken, mit ihren Kindern in Oster= freude aufzujubeln.

Diese Vor-Osterfeier, sie ist nach meinem Ermessen der würdevollste und kirchlichste Vergleichungs-Gegenstand, den sich die über den Himmel betrachtende Seele nur immer wählen kann. — Du wirst Dich dessen, fromme Seele, bald selbst überzeugen.

I.

Die Feuerweihe.

Aus hartem Stein der Funke sprüht;
Und sieh! ein neues Feuer glüht,
Das Osterfreude kündet,
Zum Lob das Herz entzündet!
Es ist ein lieblich zartes Bild
Der Wonne, die dem Geist entquillt,
Und die mit Himmelsfreuden
Uns labt im Thal der Leiden.

Der erste Akt der Kirche zur Einleitung der jubel=
vollen Osterfeier ist die Feuerweihe. — Aus
Steinen werden die ersten Funken herausge=
schlagen und damit die Gluth erzeugt, über welcher
das Incensum bei der Weihe der Osterkerze empor=
duftet.

Solche Funken der Freude fallen in das Herz der

(15)

Seele, die das Fegfeuer verläßt und über die Erde
hinan durch die Sternenwelt zieht. — Schwebte doch
Chriſtus ſelbſt von der Erde auf, und die Kirche ſingt
in ihrer Feſthymne zum Preis der Himmelfahrt des
Herrn: „Qui scandis super sidera:“ „Der Du
über die Sterne hinanſchwebeſt.“

Ob aber dieſer Aufſchwung geeignet iſt, die Funken und Empfindungen heiliger himmliſcher Vor-
freude in der ſeligen Seele zu erwecken?

Ich zweifle nicht daran. — Wer hat wohl je einen
Luftſchiffer geſehen, der ſich im raſchen Flug von der
Erde erhebt, ohne den Eindruck der Freude des ſich
erweiternden Herzens mitzuempfinden, die nothwen-
dig ſich demſelben mittheilen muß, wenn der Menſch
mit einem Mal, den ſich im Flug erweiternden Ausblick über die Erde unter ihm gewahrt?

Wie groß müßte erſt der Eindruck dieſer Freude
ſein, könnte man ganz ohne Gefahr und Beſchwerde
immer höher ſchweben, und ganz deutlich unter ſich
den ganzen Erdball mit einem Male überblicken?
Und wenn es ein frommes Herz iſt, wie würde es
dadurch auch von ſelbſt zum begeiſternden Lob des
Schöpfers und Herrn der Welt ſich ermuntert und

hingeriſſen fühlen? Gleichwie die Triller der Lerche um ſo inniger anſchwellen, je höher ſie die Lüfte hinanſchwimmt: ſo müßte auch bei einem ſolchen Ausblick von ſolchen Höhen das Benedicite um ſo feierlicher ertönen, mit dem eine fromme, gottbegei= ſterte Seele Himmel und Erde, Sonne, Mond und Sterne alle Geſchöpfe und alle Elemente der Welt einladet, um mit ihr das Lob des Herrn zu ſingen, je höher ſie zieht.

So ſtelle ich mir dann das Aufſchweben einer Seele vor, die vollkommen gereinigt an der Hand des Schutzengels in den Himmel zieht; aber unver= gleichbar freudenvoller.

Der menſchlichen Bruſt wird der Aether in einiger Höhe bald zu ſein, ſie fühlt ſich beklemmt; auch der Anblick über die Erde iſt zu beſchränkt und undeut= lich, — die Gefahr des Sturzes hemmt den Eindruck der Freude, und wieder muß der Menſch hinab nach wenigen Stunden in dieſes Jammerthal der Zäh= ren. — Dort, wenn eine Seele in den Himmel zieht, iſt es nicht ſo. Sie zieht fort nach vollbrachtem Ta= gewerk, frei von jeder Gefahr. Sie zieht hinan mit dem ſie mehr und mehr durchbringenden Freudenge=

2

fühl: das Alles, was ich erblicke, iſt mein, und noch
unendlich mehr ſoll kommen. Die Seele ſchwebt
höher und höher durch die unermeßlichen Räume des
Firmamentes, und ihr Herz erweitert ſich in den
Anmuthungen nie gefühlter Freude.

Man könnte hier fragen: Was ich mir von den
Sternen denke?

Ich denke mir dieſelben als eben ſo viele, in den
Lüften ſchwebende, paradieſiſche Gärten. Ich denke
mir dieſelben als eben ſo viele leuchtende Paliſaden
und Hochaltäre der Natur, welche den Eingang zur
Himmelspforte würdig zieren.

Alles Große und Schöne bedarf nach den Regeln
der Aeſthetik eine gewiſſe Einleitung. Die Umge-
bung einer Reſidenz leitet die Pracht und Größe derſelben ein. Würde Jemand in einem ganz fremden
Lande reiſen, ſo würden die Luſtſchlöſſer, Gärten
und wohlbeleuchteten, dicht befahrenen Straßen, ihn
von ſelbſt vermuthen laſſen, er nahe ſich einer großen
Kaiſerſtadt. — Sollte Gott, der die ewige Schönheit, und die Norm alles Schönen iſt, nicht auch die
Pracht des Himmels — dieſer ewigen Reſidenz Gottes — durch die Schöpfung der Sternenwelt auf

ähnliche Weise eingeleitet haben? Ich darf es mir wenigstens so denken.

Schon was menschliche Wissenschaft uns von der unermeßlichen Zahl und Größe des Sternenheeres sagt, erregt in uns ein schwindelndes Staunen. Wer vermag es aber erst zu erfassen oder zu ahnen, in welcher Weise Gott seine Allmacht in Beziehung auf körperliche Schöpfung in diesem Sternenmeere verherrlicht hat. Was kann sich nicht die Phantasie eines Dichters in dieser Beziehung für eine Feeenwelt von Größe, Zierde und Glanz erträumen; — und was kann nicht erst die Allmacht eines Gottes an materieller Zierde und Größe erschaffen? Er, der die unendliche Schönheit, Weisheit und Majestät ist! — Ich denke mir, Gott habe in der Sternenwelt seine Schöpfungsmacht in materieller Beziehung verherr= lichet, und sie leite glorreich und leuchtend den Weg zur Himmelspforte ein.

Wenn dem aber so wäre, welch' ein wachsender Eindruck der Freude muß es nicht für eine Seele sein, die im mächtigen Aufflug, durch alle diese so herrlich gezierten Vorräume des Himmels zieht, und diese Wunder materieller Macht überblickt! Welche

Funken der in ihr erwachenden Himmelsfreude fallen
da, umſchwebt von dieſen flimmernden Lichtwelten,
in ihr Herz, und in welchen Ahnungen und Erwar=
tungen erweitert ſich daſſelbe, je näher die Seele dem
eigentlichen Himmel — dem Aufenthalt der Seligen
ſich naht!

Gleichwie ein Stein, je länger er von der Höhe
fällt, um ſo eiliger der Erde, als dem Centrum ſei=
ner Ruhe, zueilt, für die er erſchaffen iſt: ſo wird
auch immer mächtiger und eilender der Zug der Seele,
die über die Sterne ſich erhebend, dem Himmel, als
ihrem letzten Ziele, zueilt.

Sie naht ſich dem Himmelsthor. — Keine Phan=
taſie iſt im Stande die Herrlichkeit und Pracht des=
ſelben zu beſchreiben, ſo wie den funkelnden Glanz
der Edelſteine, aus welchen erbaut die hochherrlichen
Vormauern und Wälle der unermeßlichen Himmels=
burg ſich erheben.

Der heiligſte Name Jeſus erſtrahlt in wundervol=
lem Glanz vom Portale des Thores, und ein Kreuz,
das in unabſehbare Fernen ſeine funkelnden Strah=
len ausſendet, erhebt ſich majeſtätiſch über die Spitze
deſſelben.

Von der Königin von Saba lesen wir, daß, als
sie Alles sah, was Salomon besaß, und Gelegenheit
hatte, seine Weisheit zu prüfen, in solch ein Erstau=
nen gerieth, daß sie athemlos vor Verwunderung
wurde: — wie muß dann nicht erst die Seele füh=
len, die nach so überraschender Einleitung sich dem
Himmelsthore naht? Sie schaut, — sie staunt —
und jubelt! —

„Alleluja! Ihr Pforten der Himmel eröffnet
euch," so ertönt der Aufruf des sie begleitenden En=
gels: „eine Erbin des Himmels naht." — „Wer
ist diese Erbin?" erwiedern die Engel von Innen.
Der Engel nennt ihren Namen. Diese treue Braut
Christi, diese Heldin ist es.—Und siehe, das Himmels=
thor eröffnet sich. „Selig," so jubeln Engelchöre ihr
entgegen, „selig, die ihre Gewande gewaschen im
Blute des Lammes, auf daß ihre Kraft sei im Baume
des Lebens, und die eingehen durch die Thore in die
Stadt Gottes.* Bemerke, was Johannes sagt: „die
da eingehen durch die Thore." Ich denke mir, es
sind drei Thore zu Ehren der allerheiligsten Dreifaltig=
keit, durch welche die Seele einzieht in den Himmel.

* Apok., 22, 14.

II.

Das Lumen Christi.

„Es werde Licht!" — so Gott einst sprach:
Und sieh! aus seinem Dunkel brach
Der Strahl hervor, und ward zum Meer;
Denn der ihn rief: — es ist der Herr.
Doch was sind all die Sterne,
In bodenloser Ferne? —
Einst in des Himmels Auen
Wir Gott, das Licht selbst schauen.

Die Kirche, nachdem sie am Charsamstag das neue
Feuer gemacht, zündet an demselben das Licht
an für die neugeweihte Osterkerze; und dreimal
stimmt der Diakon bei dieser Gelegenheit das „Lu=
men Christi" an. Lumen Christi! so ruft auch der
Schutzengel unter dem ersten Thor. Das Licht der
Glorie erstrahlt: „Deo gratias!" „Gott sei Dank

(22)

tafür!" — erwiedert, im Verein mit zahlloſen Stim=
men der Seligen, die überraſchte und zum Erſten
Male mit dem Licht der Glorie umleuchtete, ſich ver=
klärende und himmliſche Wonne verkoſtende Seele.

Sie gelangt zum zweiten Thor, und höher, feier=
licher und voller ertönt der Ruf und Gruß aus dem
Munde des Schuͤtzengels: „Lumen Chriſti!!" Und
das Licht der Glorie bringt in noch größerer Fülle
hervor und verklärt die Seele noch herrlicher und be=
ſeligender. „Deo gratias!" „Gott ſei Dank da=
für!" — ſo jubelt ſie zum zweitenmal, im Verein
mit noch mehr Stimmen der heiligen Engel, auf.

Sie gelangt zum dritten Thor, und noch höher,
feierlicher und voller ertönt der Ruf und Gruß aus
dem Munde des Schuͤtzengels: „Lumen Chriſti!!!"
— Die Seele tritt in den Himmel ſelbſt ein, und das
volle Licht der Glorie durchſtrahlt und verklärt ſie.
Jenes Licht von dem geſchrieben ſteht: „In deinem
Lichte werden wir ſehen das Licht."* — Jenes Licht,
das einſtens uns befähiget, Gott ſelbſt zu ſchauen in
ſeiner Weſenheit von Angeſicht zu Angeſicht.   Jenes

* Pſ. 25, 10.

Licht, von dem geschrieben steht: „Gott ist das Licht,
- und keine Finsterniß ist in Ihm." Jenes Licht, das
uns, so wie es uns durchdringt, zu Kindern Gottes,
Gott selbst ähnlich macht, und mit Ihm vereiniget.
Das Licht der Glorie, es ist das Licht e w i g e r
Osterfreude, da es niemals mehr erlischt. —

„Deo gratias!" — „Gott sei dafür Dank!" —
so jubelt die mit Gott vereinigte Seele im Chore al=
ler Seligen auf.

Der Wohlgeruch des Dankes einer für ewig ge=
retteten Seele erhebt sich zum ersten Mal als Incensum aus dem Herzen dieser Seele, vereiniget mit dem
Wohlgeruch der unendlichen Verdienste Christi, vor
dem Gnadenthrone des Allerhöchsten empor.

III.

Das Exultet.

Erfreuet euch, ihr Engel all'
Nun theil' ich eure Wonne:
Erhebet euch mit Jubelschall
Auf eurem Himmelsthrone!
Ja danket, dankt in Ewigkeit
Dem Herrn für Seine Güte,
Der mich als Kind der Seligkeit
Verklärt in eurer Mitte! —

Nachdem die Prozession am Charsamstag an den
Altar gelangt, beginnt der Diakon den Oster-
jubelgesang und verkündiget im Namen der
Kirche die Freude des Tages. Diese Osterpräfation
beginnt mit dem Zuruf an die heiligen Engel: „Exultet jam angelica turba coelorum." — „Es erfreue sich mit mir nun die Schaar der heiligen En-

gel!" Auch die gerettete Seele ſtimmt nach ihrem
Eintritt in den Himmel im höchſten Dank und Freu=
denjubel das Erultet der triumphirenden Kirche an:
„Es juble mit mir die Schaar der heiligen Engel, die
ich erblicke; denn ich bin ein Kind der Seligkeit
Alleluja! Ja jubelt mit mir, ihr Engel Gottes und
lobſinget dem Herrn, für den Sieg des Königs der
Glorie, den ich über den Himmeln zur Rechten des
Vaters verherrlichet erblicke, und danket mit mir der
unendlichen Erbarmung Gottes, die mich ohne mein
Verdienſt in die Schaaren der Seligen eingereiht
und in das Reich des Lichtes eingeführt.   Laſſet mich
nun mit euch dem Allerhöchſten die Ehre geben durch
Jeſum Chriſtum, der mit Ihm und dem heiligen
Geiſte lebet und regieret in Ewigkeit." „Amen. —
Alleluja!" erſchallt es durch alle Reihen der Engel
und Heiligen.

„Der Herr iſt mit euch!"—ſo beginnt von neuem die
triumphirende Seele das Loblied der Erlöſung; „und
mit deinem Geiſte!" erwiedern die Chöre der Seligen.

„Zum Himmel erhoben, heben wir das Herz zum
Herrn!" „Danken wir Gott!" „So iſt es billig
und recht." ––

„Ja billig und recht ist es, daß ich mit euch den
Allmächtigen Vater, den ich schaue von Angesicht zu
Angesicht, und seinen eingebornen Sohn, den ich in
seiner Glorie erblicke und den heiligen Geist, dessen
Liebe mich bereits beseliget, aus der ganzen Fülle
meines Herzens danke. Ich bin ein Kind der Se=
ligkeit. Alleluja! für mich und euch ihr Brüder
und Schwestern in Christo, hat Er, dessen strahlende
Wunden ich nun begrüße, die Schuld Adams und
die Sündenschuld der ganzen Menschenwelt durch
sein kostbares Blut getilgt, das an uns nicht verlo=
ren ging.

Das also sind die Wonnen ewiger Osternfreude,
die kein Auge gesehen, kein Ohr gehört und kein
Menschenherz geahnt. Das ist die Erfüllung jener
Osterfreude, die ich, als Kind der Kirche, auf Erden
im Vorgeschmacke gekostet, und die ich nun völlig für
ewig besitze. Ich bin ein Kind der Seligkeit! Alle=
luja! Das ist der Tag, den Gott gemacht, preisen
wir Ihn und jubeln wir. Das ist der Tag, den je=
ner Tag einst auf Erden vorgebildet hat, da Christus
sich vom Grabe als Sieger erschwang. — Das ist
der Jubel, in den sie Alle eingegangen sind, die ich

nun hier mit mir verherrlichet erblicke, und die durch
die Prüfungen des Lebens siegreich durchgewallt, und
der leuchtenden Feuersäule, der Wolke des heiligen
Glaubens, vertrauungsvoll nachgezogen.

Ja, was hätte es uns, o mein Gott und Schö=
pfer! genützt, geboren zu sein, wenn es uns nicht
als erlöste Seelen gestattet gewesen wäre, diesen Oster=
tag bei Dir mit allen Deinen treuen Geschöpfen im
Jubel ewiger Freude zu feiern? — O wundervolle
Güte und unschätzbare Huld göttlicher Liebe, wie soll
ich Dir heute und durch alle Ewigkeit genügend dan=
ken; daß Du mich armen Sünder, ein Geschöpf aus
Nichts, den verschuldeten Knecht, errettest, hast Du
Deinen eingebornen vielgeliebten Sohn, für mich
einst in den Tod hingegeben?! —

O selige Schuld Adams, die durch Christi Leben,
Leiden und Sterben hinweggenommen ist! O selige
Schuld, die mir einen solchen Erlöser und eine solche
Glorie verschaffte! — Das also ist der dreimal selige,
von aller Ewigkeit durch Dich, mein Schöpfer und
Erlöser, bestimmte Tag, an dem es mir gestattet ist,
aus der tiefsten Tiefe meines dankenden Daseins
aufzujubeln: Alleluja, ich bin ein Kind der Selig=

keit! Die Nacht meines Lebens hat ſich verwandelt
in den nie ſinkenden Tag ſeliger Ewigkeit. Das iſt
der Tag, von dem geſchrieben ſteht: „In Deinem
Licht werden wir ſehen das Licht;“ — und: „dieſer
Tag wird mir zur Wonne werden.“ — Dieſer Tag
iſt es, an dem ich mich zum erſten Mal ganz rein,
ohne Makel der Sünde, vor Deinem Angeſicht er=
blicke, und der jeden Schatten der Verſuchung und
Schuld für ewig von mir gebannt, und jede Trauer
in Freude verwandelt hat. Dieſer Tag iſt es, der
mich nach ſo vielen Kämpfen, Stürmen und Leiden,
einführt in den ewigen Frieden.

So nimm denn hin, himmliſcher Vater! zum
Dank dafür den Wohlgeruch dieſes meines erſten
Jubelgeſanges, den ich mit allen Engeln und Heili=
gen, nun vor Deinem Gnadenthrone anſtimme, und
der in endloſer Ewigkeit vor demſelben nun wieder=
hallen ſoll. — Ich opfere Dir denſelben auf zu Dei=
ner größeren Glorie, zur Verherrlichung Chriſti, Dei=
nes göttlichen Sohnes, unſers Herrn und Erlöſers;
zur Verherrlichung ſeiner gebenedeiten Mutter; zum
größeren Troſt und Jubel aller Seligen, die mit mir
Dir für meine Rettung und Verherrlichung heute

und ewig danken.   Ich opfere Dir denſelben auf zur
Hilfe der ganzen ſtreitenden und leidenden Kirche und
beſonders zum Wohl und Heil aller derjenigen See=
len, für die ich beſonders zu bitten ſchuldig bin, und
welchen ich nächſt Dir, o Gott, meine Rettung und
meine Seligkeit verdanke, durch Jeſum Chriſtum,
Deinen Sohn, meinen Heiland und Erlöſer, der mit
Dir, o Vater, und dem heiligen Geiſte gleicher Gott
lebet und regieret in alle Ewigkeit.‟   „Amen! Alle=
luja!‟ — ſo jauchzt ihr der ganze Himmel entgegen.

IV.

Das himmlische Jerusalem.

Sei mir gegrüßt, du Gottesstadt!
In deiner hehren Würde,
Die sich der Herr erbauet hat,
Der Schöpfung höchste Zierde.
Kein Aug sie sah, kein Herz sie ahnt,
Die Schönheit, die dich schmücket;
Und die im fernen Heimathland
Die Seligen entzücket.

Die Seele, nachdem sie das Exultet der Osterpräfation gesungen, blickt nun um sich, und blickt
auch durch alle die himmlischen Räume, und
ruft voll des Entzückens die Worte Davids aus:
„Ich sehe die Güter des Herrn im Lande der Lebendigen." — Alleluja!

Die Schrift, sie nennt den Himmel das Para-

dies. Wenn schon die Wunder des Firmamentes
und die Pracht der Vorräume des Himmels sie mit
so großem Staunen und solcher Wonne erfüllten, um
wie viel mehr nicht erst der Himmel selbst.

Gott sprach: „Es werde!" — und schuf Himmel
und Erde. Welch, eine Erde? — Das können wir
kaum ahnen: denn selbst jetzt noch, wo sie den Fluch
der Sünde trägt, und nach dem Ausdruck der Schrift
nur Disteln und Dörner hervorbringt, setzt ihre Schönheit uns doch so oft in Staunen, und macht uns
gleichsam den Himmel vergessen. Wie manche Gegend, die uns noch paradiesisch schön im Strahl der
sinkenden Abendsonne oder des sich erhebenden Mondes erscheint, und mehr als Einer schon, der Rom
von einer Anhöhe, oder Neapel und Konstantinopel
im Frühlingsschmuck erblickte, sprach bei sich die
Worte des Dichters:

> „Ist's so schön schon hier auf Erden:
> Wie soll's erst im Himmel werden?"

Gott sprach: „Es werde!" — und er schuf die
sichtbare Welt. — Er sprach: „Es werde Licht!" —
und es ward Licht! Die kolossalen Welten im Licht-
meer der Sterne erstrahlten. Doch bald sollten sie

wieder erblaſſen — vergehen; es waren nur Schat=
ten jener Schöpfung, die zur Beſeligung der treuen
und triumphirenden Kinder Gottes für ewig bleiben
ſollte. — Gott, die unendliche Macht; — Gott, die
unendliche Freigebigkeit und Güte; — Gott, die
unendliche Schönheit, die weſentliche Seligkeit und
Liebe, ſprach: „Es werden die Himmel, zur ewigen
Beſeligung meiner treuen Kinder.“ Und aus dem
Nichts traten ſie hervor, und ſpannten ſich höher und
herrlicher dieſe beſeligenden Räume himmliſcher Schö=
pfung. —

„Es werde Licht!“ — ſo ertönte es aus des Schö=
pfers Mund: und das Licht der Glorie erſtrahlte.
Es wurde ein Himmel, der im Stande iſt, durch eine
ganze Ewigkeit auch die Bewunderung der höchſten
Engel mit ſtets neuem Staunen und ſtets neuen
Wonnen zu feſſeln.

Waren nicht ſelbſt Menſchen im Stande, die
Reize der Natur durch Kunſtwerke auf Erden ſo zu
erheben, daß ſie die bleibende Bewunderung der Mit=
und Nachwelt, die ſelbe erblickte, feſſelte, weßhalb
man ſie mit den Namen der Weltwunder bezeichnete?
— Doch was ſind dieſe Werke der Menſchen=

3

Hände gegen die Wunder des Himmels vergli=
chen? — Die Zierde der hängenden Gärten einer
Semiramis, gegen den Reiz der paradiesischen Flu=
ren? — Die Säulen eines Herkules, gegen die Säu=
len der Himmelsgewölbe? — Der Koloß von Rho=
des, gegen die Dimensionen dieser himmlischen
Räume? — Der Leuchtthurm Pharo's, gegen die
Klarheit des Lichtes, das die Himmel durchströmt? —
Die Mauern Babylons, gegen die aus Edelsteinen
sich erhebenden Wände des himmlischen Jerusalems?
— Der goldene Palast eines Nero, gegen die unzäh=
ligen Wohnungen der Stadt Gottes in den Him=
meln? —

Die Seele erblickt vor sich das himmlische Jeru=
salem, von dem Johannes in der Apokalypse schreibt:
„Und ich sah das himmlische Jerusalem geschmückt
wie eine Braut ihrem Bräutigam; und der Bau ih=
rer Mauer war aus Jaspis. Die Stadt selbst war
aus reinstem Gold. Die Grundsteine der Stadt=
mauer waren Edelsteine. Der erste Grundstein war
ein Jaspis; der zweite ein Saphir; der dritte ein
Chalcedon; der vierte ein Smaragd; der fünfte ein
Sardonyx; der sechste ein Sardis; der siebente ein

Chryſolit; der achte ein Beryll; der neunte ein To=
pas; der zehnte ein Chryſopras; der elfte ein Hya=
cinth; der zwölfte ein Amethyſt. Die Thore waren
Perlen; und die Gaſſen der Stadt aus reinſtem
Gold. Und ich hörte eine Stimme vom Throne, die
ſprach: „Siehe, die Wohnſtadt Gottes mit den
Menſchen, und ſie werden ſein Volk, und Er wird
ihr Gott ſein; und Gott wird trocknen die Thränen
von ihren Augen. Der Tod wird nicht mehr ſein,
noch Trauer, noch Klage und Schmerz; denn was
war, das iſt vorüber. Und es ſprach Der auf
dem Throne ſaß: „Siehe ich mache Alles neu.“
— „Wer überwindet, wird dieſes erhalten, und ich
will ihm Gott ſein, und er wird mein Sohn
ſein.“ *

„Alleluja! Ich gehe ein in die Freude meines
Herrn!“ ſo jubelt die Seele auf. Der Himmel iſt
d a s R e i ch d e r F r e u d e d e s H e r r n : ſo
nennt ihn die heilige Schrift. Ja, im Himmel iſt
nichts als Freude! — „Meine Mutter, weine n'cht!“
— ſo ſprach die heilige Agnes zu ihrer, an ihrem

---

* Offb. 21, 3—7.

Grabe weinenden Mutter: „Weine nicht, ich bin
in lauter Freuden!" Welch ein Alleluja! Im Him=
mel nichts als Freude; überſtrömende Freude,
ohne Möglichkeit irgend eines Verlangens! — Aller=
dings beſeliget die Seligen ein verſchiedenes Maß
der Freude, nach dem Maß der Gnade der Auser=
wählung und der Verdienſte. Ein anderes Licht,
ſagt der heilige Paulus, iſt das der Sonne, als das
des Mondes, und unter den Sternen leuchtet der
eine mehr als der andere. Aehnliches gilt von der
Glorie und Freude der Seligen im Himmel. Eine
andere Glorie iſt die Jeſu Chriſti: eine andere, die
ſeiner gebenedeiten Mutter; eine andere, die der
Apoſtel und der verſchiedenen Heiligen; nach der
Ordnung ihrer Auserwählung für das Reich Gottes,
und ihrer Verdienſte. Das Maß ihrer Freude
iſt zwar verſchieden, nicht aber das der Befriedi=
gung. Es mögen tauſende von Gläſern daſtehen,
— groß oder klein, — wenn alle überfließend voll
gefüllet ſind, ſo könnte das kleinſte Glas doch nicht
mehr verlangen, als es bereits in ſich hat, weil es
ſchon überfließet. Darin gleicht es dem größ=en,
auch überfließenden Glaſe. — So auch, was die

Seligen im Himmel betrifft. Sie ſind Alle einge=
gangen in das Reich der Freude, und haben kein
anderes Bewußtſein und Gefühl, als das der ſie
überſtrömend beſeligenden Freude. --

Die Seele tritt ein in die Gemeinſchaft aller die=
ſer ſeligen Engel und Heiligen. Sie theilt jedem
derſelben ihre Freude mit, und nimmt hinwieder die
Freude und Seligkeit Aller nach dem Maße ihrer
Befähigung in ſich auf.

Gleichwie ein Licht in Mitte von vielen verſchie=
den gerichteten Spiegeln in allen dieſen Spiegeln
erſtrahlt, als flammte es in jedem: ſo iſt jeder Se=
lige im Himmel, wie ein Licht und Spiegel zugleich,
in Mittheilung ſeiner Freude. Die heilige Schrift
nennt den Himmel die Gemeinſchaft der
Heiligen. --

Was dies für jeden Seligen ſagen will, das wer=
den wir bald beſſer einſehen, wenn wir den Einzug
der ſeligen Seele in die Gemeinſchaft der Engel und
Heiligen aufmerkſamer betrachten.

Die triumphirende Seele hat das Excultet im Zu=
ruf der Engel geſungen. Sie zieht nun ein in ihre

Gemeinſchaft, Seligkeit und Liebe. „Ihr ſeid hin=
zugetreten,“ ſchreibt der heilige Paulus, „zum Berge
Gottes, zur Schaar der vielen Tauſende der heili=
gen Engel.“ *

* Heb., 12, 22.

V.

Die Engelwelt.

Ihr herrliche Wesen,
Die Gott auserlesen
Zur Blüthe im Ringe
Erschaffener Dinge!
Ihr Ströme des Schönen, des Guten, des Wahren,
Dort woget ihr jubelnd, in endlosen Schaaren,
Als Engel des Höchsten im zierlichsten Kranz,
Ganz Tugend und Liebe, umflossen mit Glanz!

Kein Menschengeist ist im Stande, sich die geistige Schönheit und Glorie eines Engels zu denken.

Sie sind der Abglanz Gottes, in der Schöpfung rein geistiger Wesen, und stehen somit höher als die Menschennatur. „Würde der mindeste Engel in seiner Glorie in der sichtbaren Welt erscheinen," sagt der heilige Bernardin von Siena, „so würde selbst

(39)

das Licht der Sonne und alles Licht des Firmamen=
tes vor ſeinem Lichtglanz verſchwinden, und wir wür=
den nichts ſehen als dieſen Engel." — Und würde
auch nur ein Engel uns ſeine Seligkeit mittheilen,
kein Menſch im ſterblichen Leibe, würde eine ſolche
Wonne zu ertragen im Stande ſein, — ſie würde ihn
auflöſen.

Dieſe Engel in unzähliger Zahl, ſind unter ſich
durch beſondere Vorzüge der Natur und Gnade un=
terſchieden. Man theilt ſie deshalb in neun Chöre
ab, an deren Spitze ſieben der himmliſchen Geiſter,
zunächſt dem Throne Gottes, ſtehen. Dieſe neun Chöre
ſind: die Engel, die Erzengel, die Fürſtenthümer, die
Mächte, die Kräfte, die Herrſchaften, die Throne, die
Cherubim und Seraphim. — Die ſieben höchſten
Engel heißen: Michael, Gabriel, Raphael, Uriel,
Scatiel, Sarahiel und Tehudiel. Die vier letzteren Na=
men ſind jedoch nur aus der Ueberlieferung bekannt.—

Die gerettete Seele geht nun ein in die Gemein=
ſchaft aller dieſer ſeligen Geiſter, und je höher ſie
aufſchwebt, um ſo mehr verklärt und verherrlichet
ſie ſich, nach dem Maß der ihr von jedem höheren En=
gelchor zuſtrömenden, höheren Glorie und Freude.—

Der erste Engel, der sie begrüßt und umfängt, und ihr zuruft: „Komm, Braut Christi, denn du sollst gekrönt werden!" — ist ihr Schutzengel. — O welch ein Trost für die gerettete Seele, nun von Angesicht zu Angesicht ihren schützenden Engel zu sehen in seiner strahlenden, himmlischen Schönheit, Würde und Majestät; jenen Engel, der sie zeitlebens mit solcher Liebe, Treue und Macht, geschützt und geleitet auf der steilen Himmelsbahn, bis hin zu den Stufen eines solchen Thrones, und zu einer so herrlichen Krone, geschmückt mit den Edelsteinen endloser Freuden.

Nun sieht sie klar im Einzelnen alle die Gnaden und Gunstbezeugungen des Himmels, die sie seiner Fürbitte verdankt, und wie unermeßlich groß und zahlreich die Gefahren gewesen, aus denen er sie errettet. Mit einem Dank, mit dem nur der Besitz eines Himmels das Herz erfüllen kann, umfängt sie nun denselben und siehe! sie theilt zur Vergeltung demselben auf besondere Weise all' ihre Seligkeit und Glorie mit, und hinwieder verwandelt sie sich durch die besondere Mittheilung seiner Glorie und Seligkeit gleichsam in Liebe, Schönheit und Glanz, zur

Einheit mit dieſem Engel. „Was mein iſt, iſt Dein!" — das iſt ihr Wechſelgruß im Alleluja des Himmels. — ·

Dieſer Engel iſt es, der ſie nun auch an ſeiner Hand einführt in die Seligkeit und Glorie aller üb= rigen Engel.

Der erſte Chor, der Chor der E n g e l, empfängt und begrüßt ſie mit dem Jubelruf: „Komm, Braut Chriſti, du ſollſt gekrönt werden!" —

Die Engel dieſes Chores ſind der Abglanz und Spiegel der Vaterſorge Gottes für alle, nach ſeinem Ebenbilde erſchaffenen, vernünftigen Geſchöpfe, und namentlich der Menſchen.

Die Verdienſte, welche die gerettete Seele durch die Bewahrung der Taufunſchuld, oder durch den Eifer der Buße, die ſie zur Tilgung ihrer Sünden geübt, erglänzen an ihr als eben ſo viele Edelſteine, und er= höhen ihre Himmelswonne.

Die heilige Gertrud ſah einſt in einer Entzückung im Himmel eine gerettete Seele. Das Kleid derſel= ben war durch unzählige Riſſe getheilt, und dieſe Riſſe waren alle mit den herrlichſten Perlen beſetzt und überſäet. Da fragte die Heilige, was wohl dieſe

vielen Riſſe und Perlen bedeuteten? Die Seele ant=
wortete: „Gertrud! die vielen Riſſe, die du an mei=
nem Kleide ſiehſt, bedeuten die ſchweren Sünden, mit
denen ich das Kleid meiner Unſchuld zerriſſen. Die
Perlen aber bedeuten die unzähligen Thränen, mit
welchen ich dieſe meine Sünden beweinte. Dieſe
Thränen haben ſich nun in Perlen verwandelt, und
dienen mir jetzt zum Himmelsſchmuck.“ — „O ſelige
Buße, die mir eine ſo große Glorie im Himmel ver=
ſchaffte!“ — ſo ſprach auch einſt der heilige Petrus
von Alcantara, dieſer wunderſtrenge Heilige, als er
nach ſeinem Tode der heiligen Thereſia erſchien. —
Einſt ſeufzte die heilige Gertrud im Gebete auf: „O
Jeſu! ich bin nicht werth, daß mich die Erde trägt.“
Da erwiederte Jeſus und ſprach zu ihr: „Du denkſt
ſo, doch ſiehe, die Engel warten alle mit Sehnſucht
im Himmel auf dich, um mit dir ihre Seligkeit zu
theilen.“

„Was mein iſt, iſt Dein!“ ſo ruft jeder Engel
dieſes Chores ihr jubelnd zu, und ſie geht ein in ihre
Seligkeit und Liebe. —

Und höher ſchwebt die Seele auf! Die heiligen
Erzengel bewillkommnen ſie, und wieder ertönt

der Himmelsgruß: „Komm, Braut Chriſti, du ſollſt
gekrönt werden!"

Die Engel dieſes Chores ſind dem Abglanz und
Spiegel der Sorge Gottes für ſeine Geſchöpfe im
Kampfe gegen das Böſe, und beſonders für das
Menſchengeſchlecht, durch das Werk der
Welterlöſung.

Alle die guten Werke der innerlichen Selbſtüber=
windung, die ſie mit beſonderem Eifer zur Ehre Got=
tes geübt, erglänzen an ihr, und verherrlichen ſie
durch einen neuen Zuwachs von Glorie und Wonne.
„Was mein iſt, iſt Dein!" ſo ruft ihr jeder Engel
dieſes Chores zu, und die Glorie und Seligkeit aller
heiligen Erzengel überſtrömet ſie.

Höher ſchwebt die Seele auf! Die himmliſchen
Fürſtenthümer begrüßen ſie im Jubelchor:
„Komm, Braut Chriſti, du ſollſt gekrönet werden!"

Die Engel dieſes Chores ſind der Abglanz und
Spiegel Gottes, des Königs der Könige, und Herrn
der Heerſchaaren. Die Werke der Tugenden, die ſie
einſt durch Verachtung der Welt und ihrer trügeri=
ſchen Güter geübt, erglänzen an ihr, und erhöhen
würdevoll ihren Seelenſchmuck. „Was mein iſt, iſt

Dein!" ſo jauchzt ihr jeder Engel dieſes Chores zu, und ſie zieht triumphirend ein in die Seligkeit und Glorie aller himmliſchen Fürſtenthümer. —

Und höher ſchwebt die Seele auf! Die Engel des Chores der himmliſchen M ä ch t e begrüßen ſie und laden ſie ein: „Komm, Braut Chriſti, du ſollſt ge= krönet werden!"

Die Engel dieſes Chores ſind der Abglanz und Spiegel Gottes, von dem jede Kraft der Natur aus= geht, und ihre Wirkung hat. — Die Werke der Tu= genden, die ſie durch Geduld und Liebe zum Kreuz, in den Widerwärtigkeiten dieſes Lebens geübt, er= glänzen als eben ſo viele Edelſteine der Verdienſte an ihr, und verherrlichen ſie. — „Was mein iſt, iſt Dein!" — ſo ruft ihr jeder Engel dieſes Chores zu, und die Wonne und Glorie aller himmliſchen Mächte umleuchtet ſie. —

Höher noch ſchwebt die Seele auf! Der Engel= Chor der himmliſchen K r ä f t e begrüßet ſie, und ladet ſie ein: „Komm, Braut Chriſti, du ſollſt ge= krönet und verherrlichet werden!"

Die Engel dieſes Chores ſind der Abglanz und Spiegel Gottes, von dem jede Kraft und Wirkung

im Reiche der Gnade ausgeht. — Die Werke der
Tugenden, welche die Seele durch Starkmuth im innerlichen Leiden vollbracht, erglänzen nun an ihr als
eben ſo viele Rubine der Verdienſte; verherrlichen ſie
und erhöhen ihre Wonne. — „Was mein iſt, iſt
Dein!" ſo jauchzt ihr jeder Engel dieſes Chores zu,
und die Seligkeit aller himmliſchen Kräfte durchdringt ſie. —

Höher ſchwebt ſie hinan! — Der Chor der himmliſchen Herrſchaften jauchzt ihr das „Alleluja"
des Grußes zu, und ladet ſie ein: „Komm, Braut
Chriſti, du ſollſt gekrönet werden!"

Die Engel dieſes Chores ſind der Abglanz und
Spiegel der unendlichen Majeſtät Gottes, nach deſſen
Ebenbild wir Menſchen erſchaffen ſind. —

Die Werke der Tugenden, die die Seele durch die
Uebung der Werke der leiblichen Barmherzigkeit in
thätiger Nächſtenliebe geübt, erglänzen an ihr als
eben ſo viele Saphire der Verdienſte und verherrlichen ſie mit neuem Zauber der Glorie. — „Was
mein iſt, iſt Dein!" — ſo ruft ihr jeder Engel dieſes Chores zu, und ſie zieht frohlockend ein in die
Seligkeit und Liebe aller himmliſcher Herrſchaften.

Höher schwebt die Seele auf! Der Chor der himm=
lischen Throne begrüßt sie mit Engelhuld, und
ladet sie ein: „Komm, Braut Christi, du sollst ge=
krönet und verherrlichet werden!" —

Die Engel dieses Chores sind der Abglanz und
Spiegel der ewigen Ruhe und Unveränderlichkeit
Gottes, für dessen ewigen Besitz die vernünftigen
Geschöpfe erschaffen sind, und in dessen ewige un=
endlich beseligende Ruhe sie nach überstandener Frei=
heitsprobe eingehen sollen. —

Die Werke der Tugenden, die sie durch die Uebun=
gen der Werke geistlicher Barmherzigkeit, zur Rettung
der Seelen, aus Seeleneifer geübt, erglänzen an ihr
als eben so viele Sterne der Verdienste im wunder=
vollsten Glanz, und schwellen das Meer ihrer Selig=
keit zu nie geahnten Wonnen an. — „Was mein ist,
ist Dein!" — so jauchzt ihr jeder Engel dieses Chors
zu: und sie zieht triumphirend ein in die Glorie und
Liebe aller himmlischen Throne. —

Höher schwebt die Seele auf! Der Chor der
Cherubim begrüßet sie: „Alleluja!" „Komm,
Braut Christi, du sollst gekrönet werden!" —

Die Engel dieses Chores sind ein Abglanz und

Spiegel der unendlichen Erkenntniß Gottes. Die
Werke der Tugenden, die sie im Leben durch ihre Erkenntniß des göttlichen Willens, und ihre völlige
Vereinigung mit demselben, im Lichte des Glaubens
und im Vertrauen auf seine gebenedeite Vorsehung
geübt, erglänzen an ihr, und bekleiden sie mit dem
königlichen Purpur der seligen Himmelsbürger. O
wie unermeßlich glücklich fühlt sie, und wie jubelt
ihr Herz bei dem Zuruf eines jeden Engels dieses
Chors: „Was mein ist, ist Dein!" und siehe, die
Glorie und Seligkeit aller heiligen Cherubim umleuchtet sie.

Und höher noch schwebt die Seele auf in beschleu-
nigtem Zug des Verlangens ihrer Liebe! Der Engel-
Chor der heiligen S e r a p h i m winkt ihr, und
jauchzt das „Alleluja" der Gemeinschaft ewiger
Liebe ihr zu, und ladet sie ein: „Komm, Braut
Christi, du sollst gekrönet werden!"

Die Engel dieses Chores sind der Abglanz der unendlichen Schönheit, Seligkeit und Liebe Gottes. —
Die Tugenden, die sie durch Akte der Liebe Gottes,
in den feurigen Anmuthungen ihres Herzens, auf
Erden geübt, besonders durch ihren Umgang mit

Gott im innerlichen Leben erglänzen an ihr wie Son=
nen von Diamanten, und begeiſtern ſie zum vollſten
Jubel ihres mit Gott in Liebe vereinigten Herzens.
„Was mein iſt, iſt Dein!“ ſo jauchzt ihr auch jeder
Engel dieſes Chores zu, und die Liebeswonne aller
heiligen Seraphim überfluthet ſie.

Gränzenlos iſt das Gefühl ihrer Freude; doch
wie ſtaunt ſie erſt, und geräth in neue Himmelsent=
zückungen, bei dem Anblick der ſieben höchſten Engel,
der ſieben Fürſten des Himmels!

Welch' ein Freudenjubel durchdringt ſie beſonders
bei dem Anblick des heiligen Erzengels G a b r i e l,
der uns die Botſchaft des Heiles vom Himmel
brachte, als er Maria die Menſchwerdung des Soh=
nes Gottes verkündigte. — Dieſer hehre Engel be=
grüßt auch ſ i e nun mit ähnlichen Worten im Him=
mel, wie einſt Maria auf Erden: „Gegrüßet ſeiſt
Du voll der Gnade, der Herr iſt mit Dir, und bleibt
nun für ewig bei Dir. Du biſt gebenedeit in der
Gemeinſchaft aller Seligen, und gebenedeit ſei Jeſus,
der Sohn Mariä, der Dich in ſeine Glorie einge=
führt.“—„Komm, Braut Chriſti, du ſollſt nun ge=
krönet werden für ewig!“

4

Mit gleicher Huld begrüßen sie die übrigen dieser
fürstlichen Engel, uno wie jubelt ihr Herz auf bei
dem „Alleluja," mit dem sie der heilige Michael,
der höchste und herrlichste aller Engel, bewillkommt.—

Wie oft hatte sie sich seinem Schutze auf Erden,
als dem Schutzengel der ganzen streitenden
Kirche, empfohlen, und wie treu und siegreich
schirmte er sie im Leben, und besonders in der Stunde
des Todes, gegen den Drachen der Hölle. — „Wer
ist wie Gott!" das war sein Wahlspruch im
Kampfe gegen die Mächte der Finsterniß. „Wer
ist wie Gott!" das war auch nach seinem
Beispiel ihr Wahlspruch gegen dieselben Feinde ih=
res Heiles. Doch wie versteht sie nun erst im Him=
mel so ganz die Bedeutung und Kraft dieses Losungs=
wortes im Dienste Gottes, der am heiligen Michael
und an ihr selbst, so treu und überschwenglich seine
Verheißungen erfüllte. „Ich verherrliche, die mich
verherrlichen!" St. Michael, nach seinem siegreichen
Kampf mit neuer Glorie gekrönt, und an die Spitze
der übrigen Engel gestellt, theilt nun, vereinigt mit
den sechs übrigen Fürsten des Himmels, diese seine
Verherrlichung mit der geretteten Seele. „Was

mein ift, ift Dein!" fo jauchzt ihr auch jeder die=
fer Engel zu, und fie geht ein in die höchfte Wonne
befeligender Engelliebe. —

Wenn ein mächtiger Strom fich in einen ande=
ren ergießt, fo wachfen die Gewäffer fchon gewaltig
heran und wogen in majeftätifcher Fülle dahin, und
dies um fo reichlicher und erhabener, je mehr der=
gleichen Flüffe fich in einen, zum See heranfchwel=
lenden Strom ergießen. Wie muß dann wohl das
Herz der im Himmel verklärten Seele fühlen, wenn
die Ströme der Freude aller diefer Chöre der heiligen
Engel fich in ihr Herz ergießen, und wie zu einem
Meere der Seligkeit heranfchwellen, das fich dann
endlich in den Ocean der unendlichen Seligkeit Got=
tes felbft ergießt, die in fie überfließt.

Doch, die Engelwelt allein ift es nicht,
welche die Seele im Himmel beglückt; noch andere,
und unermeßlich mehr befeligende Freuden, warten
ihrer. — Folgen wir ihr in der Betrachtung.

VI.

Die Prophezeiungen.

Es sandte Gott die Seherschaar,
Die Zukunft zu enthüllen:
Doch schaut es hier kein Auge klar,
Was einst sich soll erfüllen.
Der H i m m e l erst klärt Alles auf,
Zum Jubel der Getreuen,
Die in der Zeiten Probelauf,
Dem Herrn sich völlig weihen.

Die Kirche, bei der Feier des Charsamstages, beginnt nach dem Erultet die Lesung der Prophezeiungen, die auf das Reich Gottes durch die Stiftung der Kirche des neuen Bundes hinweisen.

Hier schaut die Seele im Himmel nun ihre volle Bedeutung, und die dreimal selige Erfüllung der-

(52)

ſelben an ſich ſelbſt, und an der Verherrlichung des
durch Gottes Erbarmung geretteten Menſchenge=
ſchlechtes. —

Die erſte Prophezeiung.

Die erſte dieſer Prophezeiungen ſpricht von der
Schöpfung Himmels und der Erde, und ſchließt mit
den feierlichen Worten: „Und Gott ſah Alles, was
Er gemacht, und es war ſehr gut. — So wurden
Himmel und Erde und alle ihre Zierde vollendet, und
der Herr ruhete am ſiebenten Tage.“ —*

Hier auf Erden ſehen wir nur das Wenigſte von
dem was Gott erſchuf. Dort im Himmel lüftet ſich
der Schleier. Die gerettete Seele ſieht in Gott Alles,
was Er gemacht; ſie ſieht die Pracht und Majeſtät
und Freudenfülle der ganzen Schöpfung, und die
Wonne die ſie erfüllt, erklärt ihr überſchwenglich troſt=
reich den Sinn der Worte: „Und Gott ſah Alles,
was Er erſchuf, und es war ſehr gut.“

Nun feiern ſie nicht mehr im Vorbild die Ruhe

* Geneſ., 1.

des Herrn; ſondern ſie iſt ſelbſt in dieſelbe eingegan=
gen, und ewig ſoll nichts mehr die Seligkeit dieſer
ihrer Ruhe in Gott ſtören.   Der Sabbath des Him=
mels beglückt ſie, nach dem verdienſtlich überſtandenen
Tagewerk ihres Lebens.

Die zweite Prophezeiung.

Die zweite Prophezeiung weiſet hin auf die
rettende Arche, und auf den Oelzweig des Friedens,
den die Taube Noah gebracht, und auf den Bogen
der Verſöhnung, der über dem Altar erſchien, auf
welchem Noah das Opfer der Dankſagung für ſeine
Rettung, und für die Rettung der Seinigen darge=
bracht.   Die Prophezeiung ſchließt mit den Worten:
„Und der Herr gewahrte den Wohlgeruch dieſes
Opfers.“ —*

Die Seele ſieht wie die rettende Arche der
Kirche der ſie als Kind angehört, trotz allen heran=
wachſenden Gewäſſern der Verfolgung, ſich endlich
doch ſiegreich auf den Höhen des himmliſchen Sion

* Geneſ., 5

selbst als triumphirende Kirche für ewig festgesetzt.—
Auch sie erhält nun den Oelzweig des ewigen Frie=
dens und der Bogen der Versöhnung leuchtet für sie
und alle seligen Menschenkinder über dem Altar des
göttlichen Lammes im Himmel, von welchem der
Wohlgeruch der unendlichen Verdienste Christi, zum
Wohlgefallen und zur Verherrlichung des himmli=
schen Vaters, nun ohne Unterlaß emporduftet. —

Die dritte Prophezeiung.

Die dritte Prophezeiung spricht vom Opfer
Abrahams, und von der Verheißung des Herrn an
ihn: „Weil du das gethan, will ich mehren deinen
Samen wie die Sterne des Himmels, und gesegnet
sollen in dir werden, und in deinem Samen, alle
Geschlechter der Erde." *

Die gerettete Seele sieht nun im Himmel alle die=
jenigen, die im Geiste zum Samen Abrahams ge=
hörten, erlöst und gerettet durch Jesum Christum,
funkeln wie Sterne in unzählbarer Menge. Sie selbst

---

* Genes., 22.

leuchtet nun als ein solcher Stern am Firmamente
des Heiles in wundervollem Glanze. —

Die vierte Prophezeiung.

Die vierte Prophezeiung erinnert an das Wunder, durch welches der Herr Pharao mit seinem Kriegs-
heere im rothen Meere ersäufte; und wie zum Danke
dafür Moses und ganz Israel mit ihm, das Jubel-
lied anstimmten: „Lasset uns lobsingen dem Herrn:
denn glorreich ward Er verherrlichet. Roß und Rei-
ter warf Er ins Meer. Er ward mein Helfer und
Schützer zum Heile. Er ist mein Gott! Ihn will
ich verherrlichen, den Gott meiner Väter, Ihn will
ich erhöhen. Der Herr, Er ist's der den Kampf vernichtet; Allmächtiger ist sein Name. Er wird herrschen von Ewigkeit zu Ewigkeit." — *

Die gerettete Seele im Himmel blickt nun hinab
von ihren Höhen in den Abgrund der Verwerfung.
Da sieht sie den in den Fluthen des ewigen Feuers
begrabenen Pharao der Hölle, und sieht mit ihm in

* Erod., 14.

den Abgrund verſenkt, alle mit Ihm vereinigten Ge=
walten, die ihr auf Erden nachgeſtellt, und die ſie
mit dem Beiſtande Gottes, folgend der Wolke des
Glaubens, als Kind der Kirche, ſiegreich überwun=
den. — Mit welchem Jubel des Dankes ſingt ſie nun
in der Gemeinſchaft derſelben den Lobgeſang ihrer
Rettung, für ewig!

Ja wohl: „Laßt uns lobſingen!“ ſo ruft ſie allen
Heiligen zu: „Laßt uns lobſingen dem Herrn, denn
glorreich hat Er ſich verherrlichet an mir, einem ſo
ſchwachen, gebrechlichen Menſchenkinde. Dafür danke
Ihm heute mit mir jeder Heilige. — Es gab der
Feinde unzählige. Jetzt ſehe ich alle die Gefahren
meines Heiles klar vor Augen. Doch alle die un=
zähligen Verſuchungen und Gewaltanmaßungen, mit
welchen Luzifer und ſeine Verbündeten: die Welt,
das Fleiſch und die Liſt der gefallenen Engel mir
nachgeſtellt, ſie ſind vernichtet. —

Alleluja! die Feinde meines Heiles, ſie ſind ge=
ſtürzt, begraben, für ewig!! Doch nicht durch mich.
Nein, es war Gottes Schutz und Macht, die
mich gerettet. Ich will Ihn verherrlichen! Er iſt
mein Gott, ich Sein Geſchöpf. Es iſt der Herr, der

jeden Kampf gegen mich vernichtete. Allmächtiger
ist sein Name! Ihm allein sei dafür Lob, Dank und
Verherrlichung in alle Ewigkeit!" —

Die fünfte Prophezeiung.

Die f ü n f t e Prophezeiung erinnert, wie der Herr
die Menschenkinder zur Heiligkeit des Lebens ermun=
tert, hinweisend auf den ewigen Lohn derselben, auf
die Mittel des Heiles, auf den Heiland, der uns die=
selben gegeben, und auf die huldreichen Wege seiner
Vorsehung. — *

Wie klar und trostvoll erblickt die gerettete Seele
die Erfüllung dieser Prophezeiung im Himmel! Die=
selbe beginnt mit den Worten: „Dies ist die Erb=
schaft der Diener des Herrn und ihre Gerechtigkeit,
spricht der Herr." Sie besitzt nun diese Erbschaft als
Erbin des Himmels, und ist nun ganz rein von jeder
Makel der Sünde, und ist umstrahlt vom Glanze
ihrer Herrlichkeit vor Gott.

„Kommet und ersättiget euch umsonst, und eure

---

* Jaias, 54.

Seele wird ſich erfreuen, und ich ſchließe mit euch
einen ewigen Bund." Die Seele ſchöpft in vollen
Zügen aus dieſen Waſſern ewiger Freude, ohne Schat=
ten der Furcht, dieſelbe je mehr zu verlieren. O wie
hat ſie zeitlebens nach dieſem Quell vollkommener
Seligkeit gedürſtet; und in welch' wundervoller Weiſe
hat die göttliche Vorſehung dieſes Werk ihrer Rettung
vollbracht! —

„So hoch die Himmel über die Erde, ſind meine
Wege über die eurigen, und meine Gedanken über
die eurigen erhoben."* Nie hätte die gerettete Seele
ein ſolches Uebermaß der Freude erwartet, die ſie jetzt
beglückt, und dieſer Triumph göttlicher Freigebigkeit
überraſcht und entzückt ſie nicht minder als die Gat=
tung der Freude ſelbſt.

Die ſechſte Prophezeiung.

Die ſechſte Prophezeiung, weiſet hin auf die
Weisheit des Herrn, dem wir vertrauen, und die
Alles in der ſichtbaren Welt ſo weiſe leitet; die aber

* Iſai., 55, 9.

ihren eigentlichen Triumph besonders in der Verherrlichung der ihr getreuen Diener im Himmel feiert. —
„Wärest du auf den Wegen Gottes gewandelt," so
heißt es in dieser Prophezeiung, „du wärest nun in
ewigem Frieden." *

Die gerettete Seele wandelte diese Wege, und wie
dankt sie der gebenedeiten Vorsehung des Herrn, die
sie auf denselben geleitet; nun ist sie im Frieden der
ewigen Freuden! —

Sie sieht nun das ganze wundervolle Gewebe der
unzähligen Gnaden, vor sich entschleiert, mit welchen
die unendliche Güte Gottes sie im Leben begnadigte,
und die das überströmende Maß ihrer Glorie vorbe-
reitete. — Sie erkennt die Wirkung und den Sieg
jeder dieser Gnaden, von der ersten Erleuchtung zum
Guten nach dem ersten Erwachen ihrer Vernunft, bis
zum letzten Athemzug. —

Sie sieht die gnadenreiche Wirkung jedes Wortes,
das sie zum Unterricht auf dem Wege des Heiles,
aus dem Munde ihrer Eltern, Lehrer, Beichtväter und
Prediger gehört. — Sie sieht alle die Belehrungen

---

* Baruch 3.

und Ermunterungen, die ſie aus den Büchern ge=
ſchöpft, oder die ihr durch das Beiſpiel Anderer zu
Theile geworden. Beſonders aber ſieht ſie, zum höch=
ſten Frohlocken ihres Herzens, die wundervolle Fülle
der Gnaden, die ſie durch den würdigen Gebrauch
der heiligen Sakramente und durch das Opfer der
heiligen Meſſe erlangte. Dieſe Gnaden waren ein
Geſchenk der göttlichen Huld; und dennoch wie über=
ſchwenglich lohnt nun Gott an ihr ihre Mitwirkung
mit denſelben! —

„Israel!" ſpricht dieſe Prophezeiung weiter, „wie
groß iſt das Haus Gottes, und wie unermeßlich der
Ort ſeines Beſitzes." — Die gerettete Seele iſt nun
in dieſes Haus Gottes eingegangen, und in den un=
ermeßlichen Beſitz ſeiner Güter. — „Der Ort iſt ſehr
hoch:" er iſt über den Sternen, und unermeßlich.
„Er rief dem Lichte zu, und es gehorchte ihm; Er
rief die Sterne, und ſie ſprachen: Hier ſind wir!"

Die Seele, die mit ſolchem Troſt über die Ster=
nenwelt hinanſchwebte, und die bei dieſem Aufflug
mit ſo großem Jubel die Macht und Größe der Ver=
herrlichung Gottes nach Außen bewunderte, ſie ſonnet
ſich nun im Lichte der Glorie, das Gott ſelbſt iſt!

Die Prophezeiung ſchließt mit den Worten: „Dar‐
auf ward Er auf Erden geſehen, und wandelte mit
den Menſchen.“ *   „Selig,“ wie Chriſtus ſelbſt
ſagt, „ſelig die Augen, die Ihn hinieden geſehen!“
Doch wie unermeßlich wächſt der Troſt dieſer Be‐
theuerung, wenn wir dieſelbe auf den Himmel an‐
wenden: „Hierauf ward Er im Himmel geſehen, und
wandelt dort mit den ſeligen Menſchenkindern!“ Und
in der That, das iſt auch die Verſicherung des heili‐
gen Geiſtes: „Siehe die Wohnſtadt Gottes mit ſei‐
nen Heiligen.“   Selig wer dort Jeſum in ſeiner
Herrlichkeit erblickt, und an ſeiner Seite mit Ihm
und allen ſeinen Heiligen, als Hausgenoſſe Gottes
wandelt. —

Die ſiebente Prophezeiung.

Die ſiebente Prophezeiung erinnert an die
Viſion des Propheten Ezechiel über die Auferſtehung
der Todten: „Ich werde eröffnen euere Gräber, und
werde euch aus denſelben herausführen und einfüh‐

* Baruch, 3.

ren in das Land Israel, und ihr werdet wissen, daß
Ich der Herr bin. Und ich werde euch meinen Geist
mittheilen, und ihr werdet leben, und werdet ruhen
auf euerem Boden, spricht Gott der Allmächtige."*

Wie der Herr selbst diese Prophezeiung erklärt, hat
dieselbe einen doppelten Sinn. Erstlich einen mo=
ralischen. Sie verkündiget nämlich die Be=
freiung des in der Gefangenschaft schmachtenden
Volkes Israel, welches an seiner Wiederherstellung
schon verzweifelte. — Sie sagen: „Unsere Gebeine
sind verdorrt und unsere Hoffnung ist geschwunden."
Der Herr tröstet sie und verspricht Befreiung.

Dieses Bild deutet aber auch hin auf die Auf=
erstehung von den Todten; besonders der Gerechten.
Die Seele kostet den Trost dieser Prophezeiung, in
ihrer himmlischen Erfüllung, in jedem Sinne. —

Sie erblickt die unabsehbaren Schaaren aller seli=
ligen Menschenkinder, und freut sich mit ihnen, daß
der Herr alle ihre Leiden in solche Freude verwan=
delte, nachdem er sie aus dem sterblichen Leibe und
Leben herausgeführt, um sie in der Glorie mit

---

* Ezechiel 37.

ſeinem göttlichen, unendlich ſeligen Leben zu beleben. —

Sie freut ſich aber auch ſchon im Vorgeſchmack
des Jubels der ſeligen Auferſtehung von den Todten. — Ihr Eintritt in den Himmel, und ihre Verherrlichung daſelbſt, iſt ihr das troſtreichſte Unterpfand dieſer glorreichen Verherrlichung ihres Leibes
am Tage des Gerichtes, und ſie erblickt in den glorreichen Leibern Jeſu und Mariä und wohl auch des
heiligen Joſeph, ein Vorbild der Glorie und Seligkeit, die einſt ihren eigenen Leib verherrlichen wird.

Die achte Prophezeiung.

Die achte Prophezeiung iſt die des Propheten
Iſaias. Sie weiſet hin auf die Glorie und den
Ueberfluß, die der Herr für diejenigen bereitet hat,
welche die Kreuze und vorübergehenden Bedrängniſſe
des Lebens in heiliger Geduld und Liebe zu Ihm
ſtandhaft ertragen.

„An jenem Tage,“ leſen wir in dieſer Prophezeiung, „wird der Same des Herrn in der Herrlichkeit und Glorie erſcheinen, und Jubel wird denen zu

Theile werden, die aus Israel selig geworden. Und ein jeder, der in Sion bewahrt wurde, wird ein Heiliger genannt werden."*

Dort im Himmel ist sie die Gemeinschaft der Heiligen; denn nichts Unreines geht in denselben ein, kein Stäublein der Unvollkommenheit ist dort zu sehen, und kein Schatten der Trauer, sondern nichts als Jubel. —

Die neunte Prophezeiung.

Die neunte Prophezeiung weist hin auf die Feier des ersten Paschafestes, welches die Kinder Israels zuerst in jener Nacht in Egypten gefeiert, als sie das Osterlamm genaßen, dessen Blut sie aus der Hand des Würgengels befreite.† — Es war ein Vorbild des Osterlammes, dessen Blut uns Menschenkinder aus der Gewalt des Würgengels, der Hölle, befreite, und das nun verherrlichet im Himmel thront.—

Auf Erden hatte die Seele das Osterfest, in jener Stimmung gefeiert, welche im Ritus des Alten

---

* Isaias, 4.   † Erod., 12.

Teſtamentes vorgebildet ward: als Wanderer, mit
im Geiſte umgürteten Lenden, in genauer Selbſtüber=
windung, und nur wie im Vorübergang. Hier feiert
ſie Oſtern befeſtiget in der Gnade, frei von aller
Verſuchung, und nicht im Vorübergang, denn ſie iſt
bereits an das Ziel angelangt, und ſtimmt ein in das
Lob der Anbetung und Verherrlichung, mit welchem
der ganze Himmel dem Lamme Gottes die Ehre gibt:
„Würdig iſt das Lamm, das einſt geſchlachtet ward
zu erhalten die Kraft und Gottheit, die Weisheit,
Stärke und Ehre, die Glorie und Benedeiung von
Ewigkeit zu Ewigkeit.“ *

Die zehnte Prophezeiung.

Die zehnte Prophezeiung iſt die aus dem Pro=
pheten Jonas, über die Buße der Niniviten. — Ni=
nive, weil es Buße gethan, fand Gnade vor dem
Angeſicht des Herrn: „ der Herr verſchonte das Volk,
das ſich vor Ihm demüthigte und Buße gethan, und
ſeine Erbarmung verherrlichte ſich an demſelben.“ †

* Ap., 5.   † Jonas, 3.

Wenn die Erbarmung des Herrn groß an Ninive gewesen, dessen Volk er verschonte; wie groß und wunderbar verherrlichet sich nicht erst diese ewige Erbarmung an den Seligen im Himmel. Nicht nur, daß Er diejenigen, die auf Erden für ihre Sünden Buße gethan, verschonte, sondern Er wußte Gutes aus ihrer Schuld zu ziehen. Sie sind nun verherrlichet und heilig, und die Werke der Buße, die sie auf Erden gewirkt, haben sich in Edelsteine des Verdienstes verwandelt, und sie noch höher in die Freuden des Himmels erhoben. Dafür gibt der ganze Himmel nun Gott die Ehre, und inniger erquickt nichts das Herz der Seligen, und nichts belebt mehr ihren Dank, als der Triumph, den die unendliche Barmherzigkeit Gottes, über ihre nun für immer getilgten Sünden, feiert.

Die elfte Prophezeiung.

Die elfte Prophezeiung weiset hin auf den Abschiedsgesang, den Moses vor dem ganzen Volke Israels gesprochen, nachdem er das Buch des Gesetzes geschrieben, und das Volk bis an die Gränze des

Landes der Verheißung hingeleitet hatte. „Höre es, Himmel! ich will nun reden; Erde, vernimm das Wort! Es ſenke ſich auf dich wie Thau auf das Gras; denn anrufen will ich den Namen des Herrn. Gebt Ihm die Ehre, denn alle ſeine Werke ſind voll= kommen." *

Das Herz des großen Dieners Gottes war ſo voll des Troſtes und der Wehmuth zugleich. Er nahm Abſchied von denen, für die Er ſo viel gethan, und die ſeine Bemühung und Liebe ſo wenig gewürdiget, ja die ſein Herz ſo oft gekränkt. Er blickte vom Berge hinüber in das Land der Verheißung, das Er durch 40 Jahre mit ſo viel Mühe und Beſchwerde geſucht; und doch durfte Er ſelbſt nicht hinein. Dennoch iſt ſein Herz erfüllt mit Dank und Troſt zum Preiſe der göttlichen Vorſehung, die ihn und das Volk durch ſo große Wundermacht bis an jene Stätte geführt.

Um wie viel mehr Urſache hat die gerettete Seele, Himmel und Erde und die ganze Gemeinſchaft der Heiligen auzurufen, um mit ihr der gebenedeiten Vorſehung des Herrn zu danken, die, wie ein Adler

* Deuter., 31.

die Flügel über ſeine Jungen ſchützend ſpannt, auch
ſie durch ihr gnadenreiches Walten aus dem Egypten
der Welt hinübergeleitet in das gelobte Land des
Himmels, nachdem ſie geſchrieben das Buch des Le=
bens in treuer Beobachtung des göttlichen Geſetzes.—

Die zwölfte Prophezeiung.

Die zwölfte Prophezeiung endlich, welche die
Kirche am Charſamſtage lieſt, läßt uns den Edel=
muth der drei Jünglinge Sidrach, Miſach und Ab=
denago bewundern, die ſich nicht dazu verleiten lie=
ßen, ſich vor dem Götzenbild Nabuchodonoſors zu
beugen, ſondern kühn dem Könige in das Geſicht ge=
ſagt: „Unſer Gott iſt mächtig genug, uns aus dem
Feuerofen zu befreien. Thut er das nicht, ſo beten
wir deine Götter doch nicht an." — Und ſiehe, der
Engel Gottes kühlt das Feuer und ſie wandeln mit
ihm mitten in den Flammen unverſehrt und loben
und preiſen Gott. — „Der Engel, ſagt die heilige
Schrift, ſchlug die Feuerflammen hinaus, und machte
es mitten im Ofen, wie wenn der Wind wehet zur
Thauzeit. und die Flamme berührte ſie nicht und

verletzte ſie nicht. Da lobten die Drei Gott wie aus
einem Munde und ſprachen: „Geprieſen ſeiſt Du
Herr, Du Gott unſerer Väter, Du biſt lobwürdig
und herrlich und überaus erhaben in Ewigkeit!“
„Dein heiliger, herrlicher Name ſei geprieſen, preis=
würdig und überaus erhaben in Ewigkeit.“*

Wenn dieſes Wunder göttlicher Allmacht und Hilfe
mit Recht das Herz dieſer heldenmüthigen Jünglinge
ſo übermächtig zum Lobe Gottes begeiſterte, daß ſie
Himmel und Erde und alle Geſchöpfe der Welt ein=
laden, mit ihnen die Macht, die Güte und Erbar=
mung des ſie ſchützenden Herrn und Erretters zu
preiſen; wie jubelt dann nicht erſt die Seele im Him=
mel auf, und dankt Gott, wenn ſie unter ſich in den
Tiefen der Hölle den furchtbaren Glühofen erblickt,
in welchen zu ſtürzen Rückſicht auf Menſchen und
Menſchenfurcht, durch Lockung und Drohung aller
Art ſich angeſtrengt, die ſie aber mit Gottes Beiſtand
heldenmüthig und ſiegreich überwunden. — Sie
ſtimmt das Lob des Dankes dafür, nicht in einem
engen Ofen mit einem Engel an, ſondern in den

* Daniel, 3.

unermeßlichen lichterfüllten Räumen des Himmels
in der Gemeinschaft aller Engel und aller Heili=
gen!

„Gepriesen seiſt Du Herr, Du Gott unserer Vä=
ter," so jubelt die Seele, mit allen Engeln und Hei=
ligen wie aus einem Munde, „Du biſt lobwürdig
und herrlich und überaus erhaben in Ewigkeit: Dein
herrlicher, heiliger Name, er sei gepriesen, preiswür=
dig und überaus erhaben in Ewigkeit!" —

„Gepriesen seiſt Du in dem heiligen Tempel Dei=
ner Herrlichkeit, der Du preiswürdig und hochherrlich
biſt·in Ewigkeit!"

„Gepriesen seiſt Du auf dem Throne Deines Rei=
ches, der Du preiswürdig und·hochherrlich biſt in
Ewigkeit!"

„Gepriesen seiſt Du, Der Du durchschaueſt die
Abgründe und ſitzeſt über den Cherubim; preiswür=
dig und hochherrlich biſt Du in Ewigkeit!"

„Gepriesen seiſt Du über dem Firmamente des
Himmels, Der Du lobwürdig und herrlich biſt in
Ewigkeit!"

„Preiset den Herrn ihr alle Werke des Herrn, lo=
bet und erhebet Ihn über Alles in Ewigkeit!"

„Preiſet den Herrn, ihr Engel des Herrn; lobet und erhebet Ihn über Alles in Ewigkeit!"

„Preiſet ihr Himmel den Herrn! lobet und erhebet Ihn über Alles in Ewigkeit!"

„Preiſet ihr Ströme ewiger Freude den Herrn; lobet und erhebet Ihn über Alles in Ewigkeit!"

„Preiſet den Herrn ihr alle Kräfte und Geſchöpfe des Herrn; lobet und erhebet Ihn über Alles in Ewigkeit!"

„Sonne, Mond und Sterne und ihr Elemente der Welt in ewiger Schönheit verklärt, lobet den Herrn und erhebet Ihn über Alles in Ewigkeit!"

„Erde, durch die Kirche Chriſti zum Paradieſe wieder verwandelt, preiſe den Herrn, lobe Ihn und erhebe Ihn über Alles in Ewigkeit!"

„Ihr Geiſter und Seelen der Gerechten, preiſet den Herrn; lobet und erhebet Ihn über Alles in Ewigkeit!"

„Ihr Heilige und von Herzen Demüthige, preiſet den Herrn; lobet und erhebet Ihn über Alles in Ewigkeit!"

„Beſonders Ihr meine Freunde und Brüder, mit denen ich auf Erden Gott gedient, und die Kämpfe

des Heils durchgekämpft, preiset und danket dem
Herrn, denn Er ist gut und Seine Barmherzigkeit
währet in Ewigkeit. Preiset und danket Ihm mit
mir und für mich!"

„Meine Seele lobe den Herrn, preise und erhebe
Ihn über Alles in Ewigkeit, denn Er hat dich erret=
tet aus der Hölle, und erlöst aus der Hand des To=
des, und riß dich aus der Mitte des Feuers und
führte dich in das Reich des Lichtes in die Gemein=
schaft aller seligen Kinder des Lichtes." Alleluja!

VII.

Das Taufwaſſer und die Litanei Aller Heiligen.

Wer wird mir Flügel geben,
Um dort hinaufzuſchweben,
Wo Weſen rein von jeder Schuld
Sich freuen in Gottes Lieb' und Huld? —
O ſelige Unmöglichkeit,
Gott je mehr zu mißfallen,
Du biſt die höchſte Seligkeit,
Die ſüßeſte aus allen!

Die Kirche weiht nach der Leſung der zwölf Prophezeiungen das Taufwaſſer und ſprengt es
gegen alle vier Weltgegenden.

Hier im Himmel ſieht die Seele die Wirkung der
Taufgnade an den Schaaren der Seligen aus allen
vier Theilen der Welt verſammelt, die durch die

(74)

Waffer= oder die Begierd= oder Bluttaufe eingegan=
gen in die Kirche Christi. Sie sind nun in blendend
weißen Byffus gekleidet, welcher da ist die Heiligung
der Gerechten. — Dreimal senkt die Kirche die Ofter=
kerze tiefer und endlich auf den Grund des Tauf=
brunnens mit dreimal gesteigertem Zuruf: „Es senke
sich über die Fülle dieses Brunnens die Kraft des
heiligen Geistes.“

Zu dreien Malen ruft der geretteten Seele der
Schutzengel in feierlich sich erhebendem Tone zu:
„Versenke dich in die Gemeinschaft und Seligkeit
aller Heiligen, erfüllt durch die Liebe und Kraft des
heiligen Geistes.“

VIII.

Eintritt der verklärten Seele in die Gemeinschaft der Heiligen.

Wie selig ruht vor Gottes Thron,
Dort zu des Lammes Füßen,
Die Schaar der Helden, die den Lohn
Des Sieges nun genießen.
Dort leuchten sie, den Sternen gleich,
Umstrahlt von Trost und Wonne,
Vor ihrem Glanz im Himmelreich
Verschwindet selbst die Sonne.

Die Kirche beginnt nach der Weihe des Taufwassers die Litanei von Allen Heiligen. —

Hier erblickt die Seele alle diese Heiligen in unabsehbaren Reihen, und geht ein in ihre Gemeinschaft und Liebe. — „Und ich sah," schreibt Johannes,

(76)

„eine große Schaar, die Niemand zählen kann, aus allen Nationen, Geschlechtern und Völkern und Zungen vor dem Throne und im Angesichte des Lammes stehen, in weißen Gewanden und Palmen in ihren Händen." * —

Welch' ein Jubel, sie dort zu schauen in ihrer Glorie, alle die Heiligen, alle die seligen Brüder und Schwestern in Adam und Christus? Die heilige Schrift nennt den Himmel das Vaterland — das Land des seligen Wiedersehens, und das in solchen Freuden! —

Die heilige Magdalena von Pazzis sah in einer Entzückung die Glorie des heiligen Aloysius im Himmel und sie rief aus: „O ich hätte nie geglaubt, daß eine solche Glorie im Himmel sei!" Was hätte sie erst ausgerufen, hätte sie die Glorie eines Ignatius, oder gar eines heiligen Paulus im Himmel gesehen?! —

Der erste Grund dieser unaussprechlichen Verherrlichung der Heiligen ist ihre Gott-Aehnlichkeit durch ihre makellose Reinigkeit und wesentliche Vereinigung

* Apok., 7.

mit Gott im Licht der Glorie. — Wenn die heilige
Katharina von Sienna ſchon von jeder Seele, die in
der Gnade Gottes auf Erden lebt, behauptete, daß
kein Menſchengeiſt ihre Schönheit zu faſſen im Stande
ſei, wie unausſprechlich und überſchwenglich groß
muß nicht erſt die Schönheit einer ganz vor Gottes
Angeſicht reinen, in Gott verklärten Seele im Licht
der Glorie ſein?

Der zweite Grund der verſchiedentlichen Verherr=
lichung der Heiligen im Himmel, iſt der Ihrer Aus=
erwählung und ihres Berufes im Reiche Gottes auf
Erden. Jedes der Sakramente, welches der Seele
einen Charakter eindrückt, iſt dort durch einen eigenen
Glanz der Verherrlichung kennbar, und ſie ſieht die
Schönheit und Seligkeit einer getauften, gefirmten
oder durch das Sakrament der Weihe bezeichneten
Seele. Doch auch der beſondere Rang und die Stel=
lung, die ſie im Reiche Gottes auf Erden auszeich=
nete, hat dort ihren Abglanz. Deshalb wird nach
ihrem Berufe gewiß auch die Patriarchen, Propheten
und Apoſtel eine eigene Verherrlichung im Himmel
auszeichnen, die mit dieſem ihrem Berufe auf Erden
in Verbindung ſteht. Daſſelbe gilt von Adam und

Eva, Moses, David, Johannes Baptista und besonders von jenen, die Jesu und Maria im Leben näher gestanden, nämlich von Joachim, Anna, Elisabeth, und vor Allem von dem heiligen Vater Joseph. Wer mag es ermessen, welch' ein Vorzug der ewigen Verherrlichung im Himmel dem jungfräulichen Bräutigam der Himmelskönigin und dem Nährvater des Königs der Glorie, des Menschgewordenen Sohnes Gottes, zu Theile ward?!

Der dritte Grund ist der ihrer Verdienste. „Wahrlich sage ich euch" versichert Jesus Christus, „wer dem Mindesten aus den Meinigen ein Glas Wasser reicht in meinem Namen, der wird seines Lohnes nicht verlustig sein im Himmel."* Und von jedem Lohn im Himmel gilt das Wort des heiligen Paulus: „Kein Auge hat es gesehen, kein Ohr gehört, kein Menschenherz geahnt, was Gott denen bereitet hat, die Ihn lieben."† — Hier ist es uns unbekannt was die Heiligen, Alles aus Liebe zu Gott, in der Nachfolge Jesu gedacht, gewünscht, geredet, gethan, gelitten; dort wird ihr ganzes Leben offenbar und jeder

---

* Matth., 10.   † 1. Cor., 2.

Athemzug, den ſie für Gott geſchöpft, hat ſeinen ei=
genen unermeßlich herrlichen Lohn. — Welch' ein
Anblick, ſie dort verherrlichet zu ſehen in dieſem Tu=
gendſchmuck ihrer unzähligen Verdienſte!

Man bewahrt in Prag eine überaus koſtbare
Monſtranz, ganz mit Brillianten beſäet im Werthe
von mehr als einer Million. Sie iſt in einem
Gewölbe unter der Erde verſchloſſen, und wird Tag
und Nacht bewacht. So wie man nun in dieſem
ganz lichtloſen Raume den Tabernakel eröffnet, in
welchem dieſes Kleinod bewahrt wird, ſtrahlt die
Monſtranz Licht aus, durch den Reflex der vielen
Edelſteine, und wie überraſcht iſt das Auge bei dem
Anblick dieſer Herrlichkeit. — Eine ſolche Himmels=
monſtranze iſt für das Auge der Seligen jeder Heilige
im Strahlenglanz der Verherrlichung aller guten
Gedanken, Wünſche, Worte, Werke, Arbeiten und
Leiden, die er auf Erden verdienſtlich vollbracht. —

Nach der Auferſtehung theilt auch der Körper nach
dem Maße, als er der Seele beigeſtanden in Arbeit,
Buße und Leiden, dieſe Verherrlichung. — Wie wird
in dieſer Beziehung ganz beſonders der Chor der hei=
ligen Martyrer vor Gottes Throne in der Gemein=

ſchaft der Heiligen glorreich erglänzen! — Jeder
Geißelſtreich, jede Wunde, die ſie im Bekenntniß
Chriſti im Marterkampf empfanden, iſt dort, wie der
heilige Auguſtin mit Recht bemerkt, mit einem eige=
nen Glanz verherrlichet. —

Der vierte Grund der verſchiedentlichen Verherr=
lichung der Heiligen im Himmel iſt der Vorzug, den
ſich die Heiligen durch die Uebung jener Werke chriſt=
licher Vollkommenheit auf Erden errungen, die in
den Augen Gottes beſonders angenehm und werth=
voll ſind.　Die Lehrer der heiligen Kirche nennen
dieſe drei: „Das Kränzlein der Glorie der heiligen
Märtyrer, der Jungfrauen und der Lehrer.“ —

Kein Zweifel, das Blut der Märtyrer erhöht mit
ganz eigenem Glanz den Purpur der königlichen
Himmelswürde.

Von den Jungfrauen bezeugt der heilige Johan=
nes: „Das Lamm Gottes ſtand auf dem Berge
Sion und mit ihm hundert vier und vierzig tauſend,
die ſeinen Namen und den Namen ſeines Vaters auf
ihren Stirnen geſchrieben hatten, und ſie ſangen wie
ein neues Lied von ſeinem Throne.　Und Niemand
konnte dieſes Lied ſingen, als jene hundert vier und

6

vierzig tauſend, die erkauft ſind von der Erde. Dieſe
ſind es, welche mit Weibern nicht ſind verunreiniget
worden; denn ſie ſind Jungfrauen. Dieſe folgen
dem Lamme, wohin es geht."* —

Das dritte Kränzlein der beſonderen Verherrli=
chung im Himmel, iſt das der Lehrer und Pre=
diger des heiligen Glaubens, in Folge jener Ver=
ſicherung des heiligen Geiſtes, die wir bei Daniel
leſen: „Die aber Viele zur Gerechtigkeit unterweiſen,
werden leuchten wie Sterne in endloſe Ewigkeiten."†
— „Wer das Geſetz beobachtet und Andern ſolches
gelehrt hat, der wird groß genannt werden im Him=
melreich,"‡ ſo verſichert Jeſus ſelbſt. — Der heilige
Chryſoſtomus macht uns auf den Grund dieſer Ver=
herrlichung aufmerkſam, da er ſagt: „Wenn Gott
die Menſchenſeelen höher achtet, als alle ſeine Werke,
auf welche Stufe der Herrlichkeit und Seligkeit im
Himmel wird er nicht Jene ſtellen, die für Ihn Men=
ſchenſeelen gewonnen haben!" —

Wir dürfen auch wohl denken, daß Gott im Him=
mel die verſchiedenen Orden und ihre ehemaligen

---

* Apok., 14.   † Daniel, 12.   ‡ Matth., 5.

Mitglieder auf Erden, auf beſondere Weiſe ver=
herrliche.

Das, was die heilige Thereſia von der eigenthüm=
lichen Glorie ſchreibt, welche die triumphirende Ge=
ſellſchaft Jeſu im Himmel verherrlichet, darf mit Recht
in ſeiner Art von jedem andern Ordensſtande erwar=
tet werden. Jeder derſelben hatte ſeinen eigenthüm=
lichen Beruf auf Erden, und verherrlichte Gott nach
eigener Weiſe und ſtützte und beförderte das Reich
der heiligen Kirche. Das hat ohne Zweifel auch ſei=
nen Abglanz im Reich der Vergeltung.

Es gewährt ſchon auf Erden einen eigenen troſt=
vollen erhabenen Eindruck, wenn man viele Mitglie=
der eines Ordens, in derſelben Ordenstracht zur
gottesdienſtlichen Feier verſammelt erblickt; beſonders
wenn wir uns an der Spitze derſelben einen heili=
gen Benedict, einen heiligen Bernard, einen heiligen
Franziskus, einen heiligen Dominikus, einen heiligen
Ignatius denken. — Was wäre es dann erſt für ein
Anblick, alle, die je auf Erden in einem ſolchen Orden
gelebt, deren Leben, Lehre, Wunder und Heldenthaten
die Kirche erbaut, und die Welt, ja Himmel und Erde,
in Bewunderung geſetzt, vereiniget zu erblicken!

Dieſe Orden ſind die Ehrenlegionen der Kirche, und ſo manche dieſer Schaaren hat ſich durch ihren Heldenmuth, den Ehrennamen legio fulminans, im Kampfe gegen die Mächte der Finſterniß, mit Recht errungen. — Wenn Kämpfer eines Kriegsheeres, auf dieſelbe Weiſe gekleidet und ausgerüſtet, als Sieger vom Kampffelde zurückkehren, ſo iſt dies gewiß ein eigens begeiſternder Anblick. — So ſtelle ich mir dann die Orden, dieſe regulären und ſiegreichen Streit= ſchaaren der heiligen Kirche Gottes in ihrer Himmels= verklärung vor. — Welch' ein glorreicher, hochfeier= licher Anblick, ſie dort in wechſelſeitiger Beſeligung vereiniget zu erblicken! —

Ich möchte dieſe geiſtlichen Orden in ihrer Him= melsverklärung mit den Himalajas und anderen Rieſengebirgen der Erde vergleichen, wo eine Spitze alle die übrigen überragt, um die ſich aber dann an= dere gleichfalls in ſchwindelnder Höhe reihen, bis dieſelben ſich nach und nach in die Sphären der üp= pigen Hügel und Ebenen herabſenken.

Dort erblicken wir in der Glorie des Himmels einen heiligen B e n e d i k t in ſtrahlender Tu= gendhöhe, in Mitte ſo vieler Tauſenden, ja Millio=

nen von Brüdern und Schwestern, die durch den
Lauf von vierzehn hundert Jahren selig geworden,
hochverherrlichet, und Ihm zunächst einen heiligen
Maurus, Gregor, Bonifacius, eine heilige Scho=
lastika, Gertrud, Mechtildis, und alle die heiligen
Päpste, Bischöfe, Aebte, Lehrer, Märtyrer und Hei=
ligen beiderlei Geschlechts, die diesem seinem Orden
angehörten. —

Wir schauen dort einen heiligen Franziskus
Seraphikus, umschaaret von der unabsehbaren
Menge seiner heiligen Ordenssöhne und Töchter, und
sehen Ihm zunächst, gleichfalls wie die Gipfel uner=
meßlicher Berghöhen, in ihrer Glorie, einen heiligen
Bonaventura, Anton von Padua, Kapistran, eine
heilige Clara und die vielen, vielen Heiligen dieses
seines Ordens erstrahlen. —

Dort leuchtet ein heiliger Dominikus in der
Glorie hervor, umschaaret von seinen seligen Or=
denssöhnen und Töchtern, und Ihm zunächst ein
heiliger Thomas von Aquin, ein heiliger Vincenz
Ferreri, eine heilige Katharina von Siena und die
übrigen Heiligen seines Ordens. —

Dort erstrahlt in wundervoller Höhe der heilige

Ignatius, umfloſſen vom Lichte der Glorie, in
Mitte ſeiner ſeligen Ordensſöhne, und Ihm zunächſt,
in gleichfalls ſchwindelnden Höhen, erglänzt ein hei=
liger Franziskus Xaver, Franziskus Borgia, Fran=
ziskus Regis, Franziskus Hieronymo, Aloyſius,
Stanislaus, Peter Claver und wie ſie alle heißen,
die großen Diener Gottes und Helden, die unter dem
Siegespanier ihres ritterlichen Stifters, die heißeſten
Kämpfe der ſtreitenden Kirche ſiegreich durchge=
kämpft. —

Aehnliches dürfen wir, aus dem obengenannten
Grunde, von allen übrigen Orden der heiligen Kirche
denken. — Nicht als ob wir uns dabei eine örtliche
Vereinigung der Orden im Himmel dächten, ſondern
in ſo weit ihr in Chriſto auf Erden vereinigtes, und
dem beſonderen Dienſte Gottes geweihtes Leben in
Arbeit und Verdienſt, dort im Reiche der Vergeltung,
auch einen eigenthümlichen Austauſch der Glorie in
wechſelſeitiger, beſonderer Beſeligung erwarten läßt.—

Gleichwie es nämlich zur beſonderen Strafe der
Verdammten gehört, daß ſie dort ihr Unglück ver=
mehren, nach der Drohung Chriſti: „Bindet ſie in
Büſchlein zuſammen“ — ſo dürfen wir auch mit

Recht erwarten, daß Seelen, die in besonderer Ge=
meinschaft auf Erden Gott gedient, auch im Himmel
sich des Verdienstes dieses Ihres gemeinschaftlichen
Berufes, durch einen besonderen Austausch der Se=
ligkeit erfreuen. —

Endlich erhält noch jede gerettete Seele nach der
Meinung der heiligen Lehrer einen besonderen, ihr
eigenthümlichen Vorzug, als Beweis der besonderen
Huld Jesu Christi, Der sich mit ihr für ewig in Liebe
vermählt, und den man den Brautschatz oder die
Brautgabe nennt.

Dort im Himmel erblickt die gerettete Seele die
ganze Gemeinschaft der Heiligen, und erblickt alle
die Schätze der Glorie eines jeden der Seligen, wie
ihre eigene, und hört aus dem Munde eines Jeden:
„Gehe ein in meine Freude!" —

Die gerettete Seele, ja sie erblickt dort alle die un=
schuldigen Kinder, die in der Taufgnade dahinge=
schieden, und endlich an ihrer Spitze die rosige Him=
melsflur der unschuldigen Kinder, die für Christus
zu Bethlehem ihr Marterblut verspritzt. Sie alle
grüßen sie und umringen sie im Freudenjubel.

Sie erblickt nun alle die heiligen Jungfrauen, diese

Lilienflur des Himmels, in ihrer Glorie.　Sie alle
grüßen sie und jauchzen ihr zu: „Gehe ein in unſere
Seligkeit und Liebe!"

Sie erblickt dort alle die heiligen Bekenner Chriſti
und Biſchöfe in ihrer Glorie. — Alle erwiedern ih=
ren himmliſchen Freudengruß und nehmen ſie mit
Jubel auf in ihre ſeligen Reihen.

Sie erblickt dort den heiligen Stephan, Laurentius
und alle die Märtyrer Chriſti. — Adam und Eva,
die Patriarchen und Propheten erglänzen vor ihr in
ihrer Glorie.　Sie alle erwiedern ihren himmliſchen
Freudengruß und jauchzen ihr ein endlos ſeliges
Willkommen zu.

Sie erblickt dort endlich auch den Chor der Apoſtel,
den heiligen Johannes Baptiſta, den heiligen Jo=
ſeph.　Sie alle erwiedern mit Freude und Jubel
ihren himmliſchen Freudengruß und die Seligkeit
und Glorie derſelben überſtrahlet ſie.

Man lieſt im Leben der heiligen Franziska von
Chantal, daß ihre Seele in Geſtalt einer Flammen=
kugel von ihrem Leibe ſich getrennt, und daß die Seele
des heiligen Franziscus von Sales, der vor ihr
geſtorben, ihr gleichfalls in der Geſtalt einer Feuer=

kugel entgegengeeilt, sie abgeholt, und daß diese zwei
Flammenkugeln zu einer Kugel sich durchschlungen.

Was anders sagt wohl diese Erscheinung, als was
die selige Seele des heiligen Franz von Sales, der
seligen Seele der heiligen Franziska von Chantal
damals gesagt: „Was mein ist, ist Dein; gehe ein
in meine Seligkeit und Liebe!" — So theilt sich jede
Seele, in ihren Freuden, den anderen in dem Him=
mel mit.   Die heilige Schrift nennt den Himmel das
Reich der Gemeinschaft der Heiligen, das
Reich der ewigen Liebe.

Die Seligkeit der Einen theilt sich der anderen se=
ligen Seele in um so größerer Himmelswonne mit,
je näher die eine Seele der anderen durch die Bande
der Natur und Gnade auf Erden gestanden, und je
mehr sie für das Heil und die Rettung der anderen
Seele im Leben gethan.

Ja, welch' ein Trost und welch' ein Jubel zu sehen,
zu begrüßen, zu umfangen, in den Freuden des Him=
mels, den seligen Vater, die selige Mutter, die seli=
gen Brüder und Schwestern, und alle diejenigen, die
unser Heil auf Erden bewirkt, oder deren Heil wir
gewirkt, und unsere Seligkeit und Freude in reinster

himmliſcher Liebe ihnen mitzutheilen, und dagegen
in unſer Herz die ganze Fülle ihrer Seligkeit aufzunehmen! Welch' ein Austauſch der Freude, namentlich für diejenigen, die ihr Heil in einem Orden gewirkt, bei dem Anblick, bei der dreimal ſeligen Vereinigung mit ihren Ordensſtiftern und ihren ſeligen
Mitbrüdern, im Himmel. —

Wir leſen im Leben des heiligen Franziskus Xaverius, daß ſeines Herzens heißeſter Wunſch auf
Erden, dieſer geweſen, China zu bekehren, Rußland
mit der Kirche Gottes auszuſöhnen, und die durch
die Umtriebe der ſogenannten Reformation der Kirche
entriſſenen Kinder und Reiche zur Einheit der katho-
liſchen Kirche zurückzuführen, und dann nach Rom
zu kommen und ſeinem Vater in Chriſto, dem heiligen Ignatius, in die Arme zu ſinken — und ihm zu
danken. —

O! ich hätte dieſe Umarmung ſehen mögen und
mitfühlen den Dank eines ſolchen Herzens, wie das
eines Xaverius, nach ſolchen Erlebniſſen und Erfahrungen, nach ſolchen Wundern überſtrömender Gnade
für ſein eigenes und für das Heil Anderer, an dem
Herzen eines Ignatius, dem er, wie in der Quelle,

alle dieſe Segnungen des Herrn verdankte. Hätte Ignatius nicht mit der Kraft eines ſo lebendigen Glaubens und ſolcher Theilnahme aufrichtiger Freun= desliebe das Wort zu ihm geſprochen: „Xaverius! was nützt es den Menſchen, wenn er die ganze Welt gewinnt, und an ſeiner Seele Schaden leidet!" und hätte das Tugendbeiſpiel des heiligen Freundes nicht dieſe Mahnung mit ſolchem Lichte begleitet, nie wäre ihm dieſer Gnadenzufluß zu Theil geworden, der ihn zu einem ſo großen Heiligen und einem ſo großen Apoſtel der Völker und Retter der Seelen gemacht.

Auf Erden wurde dieſer ſein glühender Wunſch nicht erfüllt, er ſollte dafür in noch unendlich größe= rem Maße im Himmel ſelbſt erfüllet werden.

Ich hätte ſie ſehen mögen, den 31. Juli 1556, die Umarmung eines heiligen Ignatius und eines heili= gen Xaverius im Himmel, der ihm mit allen, durch ſeine apoſtoliſche Mühe geretteten Seelen entgegen= gezogen. Welch' ein Gruß und welch' ein Dank, in welchen Freuden?! — Wie umſchlangen ſich da dieſe zwei Freundes Seelen; und wie rief da die eine der andern zu: „Was mein iſt, iſt Dein!"

Welch' ein Gegenſtand der Betrachtung, für die

an den Himmel denkende Seele, und welch' ein An=
trieb ſich ſelbſt zu heiligen und Seelen zu retten, um
einſt dieſen H i m m e l im Himmel, in der Gemein=
ſchaft der durch uns geretteten Seelen zu genießen?!

Wie wächſt durch dieſes Zuſammenſtrömen der
Freude aller Heiligen, das Meer der Seligkeit für
die gerettete Seele heran, die in die Gemeinſchaft der=
ſelben eingegangen?!

Und dennoch iſt all dieſe Wonne noch kaum ein
Tröpfchen gegen die unermeßliche Fülle, die ihr noch
zu Theil werden ſoll.

IX.

Maria im Himmel.

Maria, holde Königin!
Nimm mich gewiß zu Dir einst hin;
Dich sucht mein Herz, Dich liebe ich;
Dich bald zu seh'n, wie sehn' ich mich.
Es nennt Dich M u t t e r selbst Gott Sohn;
Bald soll ich Dich auf Deinem Thron'
Verherrlichet einst schauen:
Auf Dich will ich vertrauen!

Der Schutzengel geleitet die gerettete Seele an den
Gnadenthron Mariä, der Königin des Himmels,
der hochherrlichen Mutter Jesu, des Erlösers.

Welch' ein Jubel überströmt bei diesem Anblick
ihr Herz, und welch' eine Freude belebt das Alleluja:
„Ich sehe Maria die Mutter Jesu in ihrer Herrlichkeit und Glorie." —

„Ich sehe nun Maria, in allen den unvergleich=
baren Vorzügen ihrer Hoheit unter allen Geschöpfen.
Sie, das Wunder der göttlichen Allmacht, Weisheit
und Güte."

„Ich sehe sie von Angesicht zu Angesicht, und sehe
im klarsten Himmelslicht, wie Sie, verherrlichet durch
diesen ihren Vorrang, als die Königin des Himmels
und der Erde, auch die natürliche Hoheit und Herr=
lichkeit der Engel unermeßlich überragt."

„Ich sehe an ihr königlich verherrlichet, alle die
Vorzüge der Engel und Erzengel, der himmlischen
Fürstenthümer, Mächte, Kräfte und himmlischen Herr=
schaften der Thronen, der Cherubim und Seraphim."

„Ich sehe nun klar und deutlich, warum das Buch
der göttlichen Weisheit mit besonderer Beziehung
auf Sie, von der heiligen Kirche ausgelegt wurde, als
dem Vorbild, dem Inbegriff und der Krone der gan=
zen sichtbaren und unsichtbaren Schöpfung, erschaf=
fen in einer Herrlichkeit, die nur der gebenedeiten
Menschheit Christi des Herrn nachsteht." —

„Ich sehe sie, die Eine Auserwählte aus den
Menschenkindern, die Lilie unter den Dörnern, em=
pfangen ohne Makel der Sünde, wie Sie als h i m m=

lische Eva an der Seite Christi, des himm=
lischen Adams auch alle Chöre der Heiligen
unermeßlich überragt."

„Ich sehe Sie in jener Schönheit, die selbst die
Engel in Verwunderung gesetzt, als sie am Tage
ihrer glorreichen Himmelfahrt, sich von der Erde er=
hoben, wo die Engel, sie mit Verwunderung schauend,
ausgerufen: „Wer ist die, die da kommt, herrlich wie
die Sonne, schön wie der Mond, lieblich wie die
aufgehende Morgenröthe, duftend wie eine Rauch=
säule aus Arabien?"*

„Ich sehe nun klar, warum die Kirche das Hohe=
lied besonders auf Maria ausgelegt. Sie ist die,
von Ewigkeit her erwählte, Braut Gottes." —

Doch was sind alle diese natürlichen Vorzüge
Mariä, die Weisheit ihres Verstandes, die Kraft
ihres Willens, die Schönheit ihres Daseins, in allen
den unermeßlichen Vorzügen ihrer Geisteskraft und
ihres verklärten Leibes, gegen ihre noch weit höheren
Vorzüge der Gnade? —

Wenn die Schönheit jeder Seele so unaussprech=

* Hohl., 3, 6.

lich ist in ihrer Vereinigung mit Gott durch die hei-
ligmachende Gnade im Lichte der Glorie, was soll
ich von jener Schönheit sagen, in der ich Maria,
die Mutter der Gnaden, verherrlichet sehe! —
Jetzt verstehe ich zum erstenmal das Wort des Erzengels: „Du bist voll der Gnaden!"

„Ich sehe, wie Maria im ersten Augenblick ihrer
Empfängniß reicher an Gnade gewesen, als alle
Engel und Heiligen, und wie jede der Gnaden, die
den Engeln und Heiligen je zu Theil geworden, aus
dem Herzen Jesu in das Herz Mariä, und aus
diesem Herzen durch die Himmel auf die Erde, und
in das Fegfeuer geflossen. Ich sehe den Strom, den
einst die heilige Gertrud sah, aus dem Herzen Jesu
sich in das Herz Mariä ergießen, und aus diesem
Herzen allen übrigen Geschöpfen zufließen, und wie
ihre Gnadenfülle gleich einem unabsehlichen Meere
alle diese Gnadenströme überfluthet." —

„Ich sehe nun von Angesicht zu Angesicht diesen
glorreichen Spiegel der Gerechtigkeit, in
welchem die Heiligkeit Gottes so hochherrlich erstrahlt."

„Ich sehe jede Einsprechung des heiligen Geistes,
jede Erleuchtung und Bewegung ihres Herzens,

die Ihr je durch Gott dem heiligen Geist in ihrem
sterblichen Leben zu Theil geworden, und wie sie
jede derselben, so ganz und völlig zur größeren und
größten Ehre Gottes benützt, nach jenem Wahlspruch,
den ihr Herz mit seinem ersten Schlage ausgespro=
chen: „Ich bin eine Magd des Herrn; mir geschehe
nach seinem Worte!"

„Ich sehe alle diese ihre Tugenden und Verdienste
glänzend wie leuchtende Welten von Diamanten im
Reiche des Lichtes und der Vergeltung an der Krone
ihrer Verdienste erstrahlen." —

„Ich sehe jetzt Ihr ganzes hochheiliges Leben,
von ihrem ersten Athemzug im Mutterleibe der hei=
ligen Anna, bis auf Ihren letzten zu Jerusalem,
mit dem Sie in einem Affekte Ihre Liebe zu Jesu,
Ihren Geist in seine Herzenswunde aufgegeben."

„Jetzt erkenne und schaue ich Ihr ganzes Ver=
hältniß zu Gott dem Vater, dem Sohne und dem
heiligen Geiste, als Mutter des menschgewordenen
Sohnes Gottes."

„Jetzt erkenne und schaue ich Ihren Umgang mit
Jesu, vom Augenblick der Verkündigung zu Naza=
reth, bis auf seinen letzten Athemzug am Kreuze,

7

und Ihre Vereinigung mit Jeſu, als Miterlö=
ſerin, auf dem Throne Ihrer Verherrlichung an
ſeiner Seite, durch alle Ewigkeit!" —

„Jetzt erkenne und ſchaue ich Ihre ganze Würde
und Macht als Schutzfrau der ſtreitenden Kirche;
welchen Antheil Sie an den Siegen derſelben, und
jedes gläubigen, frommen Kindes der heiligen Kirche
genommen; wie Sie es war, durch welche jeder
Sünder die Gnade ſeiner Bekehrung und Rettung
erhält, und jede gerechte Seele jede Gnade Ihrer Hei=
ligung. — Ich erkenne, wie jede Seele, nächſt Jeſu,
ihre Glorie im Himmel Mariä verdankt."

„Ich erkenne und ſchaue aber ganz beſonders zu
meinem überſtrömenden Himmelstroſt, welchen An=
theil Maria an meinem Heile genommen."

„Jetzt ſehe ich, wie Sie es war, Die mir von
Gott die Gnade meiner Bekehrung, meines Berufes
zu jenem Lebensſtande erlangte, der für mich der
Weg des Heiles geweſen; und daß Sie mir jede
Gnade meines Lebens erflehte." —

„Jetzt ſehe ich, wie treu Sie mir bei meinen
Verſuchungen beigeſtanden, und wie Sie mich ge=
ſtärkt, daß ich dem Satan das Haupt zertreten."

„Jetzt ſehe ich, wie Sie es war, Die unzählige
Male mich den Klauen des böſen Feindes entriſſen;
und Die von mir die gefährlichſten Verſuchungen ab=
gewendet, in denen ich ſonſt gewiß zu Grunde gegan=
gen wäre."

„Gegrüßet ſeiſt Du, Maria!" ſo jubelt die
Seele vor dem Gnadenthrone Mariä auf: „ Ge=
grüßet ſeiſt Du, Maria! im Himmel; voll der
Gnade, voll der Herrlichkeit und Freude, der Herr
iſt mit Dir, für ewig! Du biſt gebenedeit unter allen
Engeln und Heiligen, und gebenedeit iſt die Frucht
Deines Leibes, Jeſus, an deſſen Seite Du als Kö=
nigin des Himmels throneſt. — Heilige Maria
Mutter Gottes, aber auch m e i n e Mutter, nimm
mich auf als Dein gerettetes Kind, und laß mich für
ewig theilen Deine Freuden."

„Nun ſehe ich Dein Mutterherz vor mir entſchleiert;
nun ſehe ich die ganze Liebe und Zärtlichkeit, die
Dir der Herr, als der Mutter der Lebendigen, für jede
Menſchenſeele, und beſonders für m e i n e Seele ein=
geflößet hat. Wie troſtvoll, o Maria! war es nicht
für Deinen Diener Alphons Rodriguez auf Erden,
als Du ihm einſt erſchienen, und zu ihm geſagt:

„Alphons! wüßteſt Du, wie ſehr ich Dich liebe!" Wie unermeßlich größer iſt heute mein Himmelstroſt, da ich jetzt vor Dir im Himmel erſcheine, und die ganze Größe der Liebe Deines Herzens gegen mich erblicke. "

„Ja, ich ſehe nun Dein ganzes Mitleiden gegen mich, und die ganze Zärtlichkeit und Sorge, mit der Du über mich gewacht, und für mich geſorgt, bis es mir endlich mit Deiner Hilfe ganz Ernſt geworden, nur für Gott und mein Heil zu leben ; Gott nicht mehr zu beleidigen, auch nicht durch irgend eine ganz freiwillige läßliche Sünde und Unvollkommenheit. "

„Ich ſehe, wie Du mir jene Gnaden von Gott erbeten, die mein Herz erweiterten, und mir den Muth und die Kraft einflößten, Deinem heiligſten Beiſpiele durch ein heiliges Leben zu folgen. "

„Ich ſehe alle die Gelegenheiten, die Du mir verſchafft, dieſe Stimmung meines Herzens vor Gott durch die That zu beweiſen. Ich ſehe, wie Du es warſt, Die mir von Gott dieſes große und weite Feld erfleht hat, um für das Heil und die Rettung der Seelen zu arbeiten, die das Feuer des Seelenei-

fers in meinem Herzen entzündete, deſſen Wirkung
mir nun einen ſolchen Himmel im Himmel, in
der Gemeinſchaft der durch mich geretteten Seelen,
bereitet hat."

"Maria! ich komme nun mit allen dieſen Dei=
nen geretteten Kindern zu Dir, und danke Dir,
nicht nur dafür, daß Du mich gerettet, ſondern auch,
daß Du durch mich auch ſie gerettet, und ihnen die
Gnade des Eifers und der Beharrlichkeit erlangt haſt."

"O wie freue ich mich jetzt, daß ich ſo oft Deiner auf
Erden gedacht, und über Alles, was ich je von Dir
geredet, geſungen, geſchrieben und wodurch ich Deine
Ehre und Verherrlichung auf Erden befördert habe!"

"Doch wie gering iſt all dies, gegen den Glanz
Deiner Herrlichkeit, die ich nun entſchleiert im Him=
mel ſchaue, und gegen die Glorie jener Krone, mit
der Dich Gott der Vater, der Sohn und der heilige
Geiſt, am Tage Deiner Himmelfahrt gekrönt, und die
ich nun auf Deinem Haupte erglänzen ſehe?! —
Wie oft hat ſich mein Herz nach dieſem Tag, und
dieſem Deinem Anblick mit der Sehnſucht eines hei=
ligen Stanislaus geſehnt; und wie glücklich fühle
ich mich, daß es mir nun endlich geſtattet iſt, hier vor

Dir im Himmel auf mein Herz zu weifen, und Dir zuzurufen: „O zärtlichft geliebte Mutter! fiehe, wie fehr ich Dich liebe!" —

„Jetzt bin ich bei Dir, und bleibe bei Dir für ewig! — Dank Dir, Maria! für jede Gnade, die Du mir in meinem Leben erlangt, und für die meines feligen Todes in Deinen Armen."

„Dank Dir aber nun befonders, mit allen Engeln und Heiligen, für die Bereitwilligkeit, mich im Him= mel als Dein gerettetes Kind, in Deine Mutter= arme zu fchließen, um Deine Himmelsfreuden mit mir für ewig zu theilen." —

Als der heilige Bernhard nach Speier kam, um den Kreuzzug zu predigen, ging ihm, wie die Le= gende erzählt, Kaifer Konrad entgegen, und trug ihn auf feinen Schultern in den Dom. — Da ftimmte nun der Heilige bei feinem Eintritt in die Kirche das „Salve Regina" an, und fetzte demfelben die Schluß= worte bei, die wir noch heute am Ende des Salve Regina beten. Er warf fich nämlich nieder zur Erde und fprach: „O Clemens! O Gütige!" erhob fich, ging vorwärts gegen den Gnadenaltar der Mutter Jefu, warf fich zum zweiten Male nieder und fprach:

„O pia! O Milde!" erhob sich, ging vorwärts, und warf sich zum dritten Male nieder, indem er sprach: „O dulcis! O süße Jungfrau Maria!" Da ergeht vom Gnadenbilde der Himmelskönigin aus ihrem Munde vor allem Volke hinwieder an ihn der Gruß Mariä: „Salve Bernarde!" „Sei mir gegrüßt, Bernard!" Was war das wohl für ein Trost für das Herz dieses hochbegnadigten Dieners und Kindes Mariä?! —

Doch welch' ein Trost und welch' ein Jubel erfüllt die Seele im Himmel, wenn sie, getragen auf den Flügeln der göttlichen Vorsehung, im Tempel der Glorie Maria auf ihrem Himmelsthron erblickt, und Ihr mit allen Engeln und Heiligen huldigend das: „Salve Regina!" entgegenjauchzt?! —

„Gegrüßet seist Du Königin, Mutter der Barmherzigkeit, des Himmels Süßigkeit, und meine Retterin sei gegrüßt! — Zu Dir rief ich einst, o Stern des Meeres, als ein verwaistes Kind Evas auf Erden. Zu Dir seufzte ich, im Thale der Zähren. — Nun bin ich bei Dir, und gehe ein in Deine Freuden. — Eja, Du meines Herzens ewige Wonne! wie zärtlich ruht Dein Blick auf mir, und wie huld-

reich zeigſt Du mir heute Jeſum, Deinen Sohn,
in ſeiner Herrlichkeit! Alleluja! Ich grüße Dich,
und huldige Dir, und eile in Deine Arme, und theile
nun für ewig mit Dir die Freuden Deiner Selig=
keit und Liebe: O Gütige, O Milde, O Süße
Jungfrau Maria!" —

Die gerettete Seele hört nun als Antwort den
Gruß der Himmelskönigin und Mutter, die ihr vor
allen gekrönten Fürſten des himmliſchen Jeruſalem
zuruft: „Sei mir gegrüßt mein vielgeliebtes Kind!
hier in meinem Reiche. Gehe ein in meine Se=
ligkeit und Liebe!" —

Welch' ein Gruß, welch' eine Einladung, welch'
eine Umarmung, und welch' ein Dank und Jubel
des für ewig geretteten Kindes, an dem Herzen
d i e ſ e r Mutter und Himmelskönigin! — Nun,
o ſeligſte Jungfrau und Mutter! nun endlich kann
ich Deine Liebe erwiedern, wie es mein Herz zeitle=
bens verlangte, und kann Dir, wonach ich mich ſo
ſehnſuchtsvoll geſehnt, mit dem ganzen Himmelreich
ewig danken. Alleluja!

Dieſer Himmelsgruß Mariä iſt für die Seele um
ſo erfreulicher, je mehr ſie auf Erden eifrigſt be=

flissen gewesen, Märiä zu gefallen, sie zu ehren, zu
verherrlichen, und auch Andere zu Ihrer Verehrung
und Nachfolge anzueifern. Für wahr, wenn jede
Königin ihre Befriedigung darin findet, kleine Dienste
königlich zu belohnen, wie dann nicht erst das edelste,
zärtlichste, großmüthigste und freigebigste Herz der
Himmelskönigin? Und wenn eine irdische Mutter
sich so hoch beglückt fühlt, wenn Jemand ihre Kin=
der anleitet, sie zu ehren; ja wohl gar dieselben aus
großer Gefahr rettet, und ihnen zu einem großen
Glück verhilft; so daß sie, was man für das Kind
gethan, gleichsam höher schätzt und reichlicher ver=
gilt, als was man für sie selbst gethan, wie dann
nicht erst diese Mutter? —·

Ja, der Zuruf: „Maria! siehe hier Deine ge=
retteten Kinder!" ist das Unterpfand der vollsten
Theilnahme an den ewigen Freuden der Liebe und
Seligkeit dieser Mutter. —

Betrachtende Seele! liebst Du Maria? Nun
denn, einst vereinigt dich der Himmel mit Maria
in Ihrer Glorie, Seligkeit und Liebe für ewig!
Denke daran und du wirst nicht mehr fra=
gen, was wohl der Mensch vom Himmel weiß. —

Gleichwie aber Jesus die gerettete Seele, als ihr himmlischer Bräutigam mit einer eigenen Braut=gabe beschenkt, so denke ich mir, erhält auch jede Seele eine eigene Himmelsgabe besonderer Verherr=lichung, aus den Händen Mariä. — Was die heilige Theresia in ihrem Leben von einer ihrer Entzückungen schreibt, scheint darauf hinzuweisen. Sie schreibt: „Da gab mir die Mutter Gottes ein Kleinod, und hing mir eine goldene Kette an den Hals, an welcher ein schönes, köstlich geziertes Kreuz hing. Dieses Gold und diese Edelsteine sind so verschieden von jenen, die wir in der Welt haben, daß gar kein Vergleich zwischen beiden statt findet. Ihre Schönheit, ist Niemand zu begreifen im Stande, so wenig als den Stoff, aus dem sie gemacht sind."

Es übriget noch e i n e der Himmelsfreuden, welche die Freuden der Seele in der Gemeinschaft der Heiligen krönet.

X.

Jesus im Himmel.

Gott Sohn! Du wurdest Mensch für mich
Vernichtest Dich auf Erden;
Doch dafür sollst Du ewiglich
Verherrlichet nun werden.
D'rum kost' es mich mein Herzensblut,
O Jesu! mein Verlangen!
Dich muß in meiner Liebe Gluth
Im Himmel ich umfangen.

Es ertönt am Schlusse der Litanei, zu dreien Malen der Ruf: „O Du Lamm Gottes, das Du
hinwegnimmst die Sünden der Welt!" — Die
Seele erblickt Jesum Christum in der Glorie! Sie
sieht die vier und zwanzig Aeltesten vor dem Throne
desselben, mit Harfen und goldenen Schalen voll
des köstlichsten Rauchwerkes, und hört den Lobge=

(107)

sang, den alle Heiligen zugleich vor demselben anstim=
men, und den sie nun als eine erlöste und gerettete
Seele mit ihnen singt: „Würdig ist das Lamm hin=
zunehmen die Kraft und Glorie; — ja würdig bist
Du, Herr! zu öffnen das Buch, der Du uns erlöset
hast mit Deinem Blute aus jedem Volke und jedem
Geschlecht, und jedem Stamm, und jeder Zunge,
und hast uns gemacht zu einem Gottesreich, daß wir
Priester seien und Könige, und herrschen durch Dich,
ewiglich!" *

Maria stellt die gerettete Seele dem Herrn vor. —
Welch' ein Anblick, welch' ein Jubel, welch' ein Dank
und welch' ein Zufluß neuer Seligkeit und Glorie?! —

„Ich hätte Jesum sehen mögen!" das war der
höchste Herzenswunsch des heiligen Augustin auf
Erden; und wer aus uns wünschte das nicht auf
gleiche Weise? — O ja! ich hätte Es sehen mögen,
das holde Jesuskind in der Krippe; Ihn den holden
Jesusknaben im Tempel. — Ich hätte Jesum sehen
mögen, wie Er das Volk belehrte und predigte. —
Ich hätte Jesum sehen mögen, wie Er Lazarus vom

---

* Offb., 5.

Tode erweckte und als Er triumphirend nach Jeruſa=
lem einzog. — Ich hätte Jeſum ſehen mögen, im
Speiſeſaal zu Jeruſalem, am Oſtertiſch, wie Er das
allerheiligſte Sakrament einſetzte. — Ich hätte Je=
ſum ſehen mögen, als Er am Kreuze erhöht, zum
Vater betete, und ſein Leiden und Sterben für mein
Heil und für das Heil der ganzen Welt als ewiger
Hoherprieſter aufopferte. — Ich hätte Jeſum ſehen
mögen, am heiligen Oſtermorgen, als er ſich glorreich
vom Grabe erſchwang, und als Sieger über Tod und
Hölle, das Alleluja der Welterlöſung anſtimmte. —
Ich hätte Jeſum beſonders ſehen mögen, am Tage
ſeiner Himmelfahrt, als er ſeine gebenedeite Mutter,
die Apoſtel und Jünger umfing und ſegnete, und für
ewig einging in ſeine Glorie.

Ja ich hätte gewünſcht, eine der glücklichen Seelen
zu ſein, die Er an jenem Tage mit ſich in den Him=
mel genommen. Doch wenn damals ſchon ſein An=
blick und Triumph ſo troſtreich und glorreich geweſen,
iſt er es heute, nach achtzehn hundert Jahren der
Siege ſeiner Kirche; in Mitte der durch Ihn geretteten und verherrlichten Seelen, minder? — Gewiß
nicht! Darum welch' ein Alleluja der Freude und

des Entzückens, das die Seele dort anſtimmt, wenn
ſie jetzt, wo Du dieſes lieſeſt, im Himmel ausruft
„Ich ſehe Jeſum in ſeiner Glorie, und gehe ein in
ſeine Seligkeit und Liebe!" —

Die heilige Thereſia ſah einſt bloß die verklärte
Hand Jeſu Chriſti ·und gerieth ſogleich in Entzückung. Sie ſagt, keine menſchliche Zunge ſei im
Stande, die Schönheit ſeiner verklärten Hand zu beſchreiben. Was hätte Thereſia erſt gefühlt, hätte ſie
dieſe Hand im Himmelslicht und den Herrn ſelbſt
von Angeſicht zu Angeſicht in ſeiner Himmelsverklä-
rung geſehen; gewiß die Freude hätte ihr Herz zer-
ſprengt. —

Wer vermöchte erſt zu ahnen, wie ſchön ſeine, mit
Gott dem Sohn perſönlich vereinigte Seele ſei?!

„Ich ſehe Jeſum von Angeſicht zu Angeſicht!" —
ſo jubelt die gerettete Seele lobpreiſend vor allen
Engeln und Heiligen auf." O wie erglänzen an der
Krone ſeiner Herrlichkeit, die Strahlen ſeiner perſön-
lichen Gottvereinigung in endloſem Glanze, und wie
leuchten an dieſer Krone zugleich ſo wundervoll hervor, die unzähligen und unendlichen Verdienſte aller
Gedanken, Worte, Anmuthungen, Gebete und jedes

Werkes ſeines ganzen Lebens, Leidens und Ster=
bens; und wie dankt und lobt und jubelt zugleich
ihr Herz!

„Alleluja!" — ſo jauchzt ſie wonneentzückt auf:
„Ich ſehe nun aufgedeckt vor mir, o Jeſu! Dein
ganzes Leben, Leiden und Sterben, als wäre ich, wie
Maria, an Deiner Seite gewandelt."

„Jetzt erkenne ich den ganzen Werth des großen
Opfers der Welterlöſung, das Du Deinem himmli=
ſchen Vater dargebracht." —

„Ich ſehe nun aufgedeckt und verherrlichet, die
Wege der göttlichen Vorſehung zum Heile des Men=
ſchengeſchlechtes, das Gott der Vater durch Dich und
Dein Verdienſt, zu retten beſchloß." —

„Ich ſehe, was Dich jede Seele gekoſtet, und was
Du für eine jede, durch den Lauf der Zeiten gethan,
von Adam bis an das Ende der Welt." —

„Ich ſehe alle die wunderbaren Wirkungen der
innerlichen Erleuchtung, mit der Du, o ewiges Wort!
erleuchteſt jede Seele, auf daß ſie ſelig werde, und zur
Erkenntniß der Wahrheit gelange." —

„Ich ſehe alle die Wunder, die Du gewirkt durch
das gepredigte Wort, das Du auf den Lippen des

Priesters gesegnet; besonders aber was das Verdienst
der Erlösung zur Verherrlichung Gottes, und zur
Rettung und Heiligung der Seelen durch die Aus=
spendung der heiligen Sakramente gewirkt.

„Ich sehe die Wunderkraft aller heiligen Taufen,
welche die Seelen in allen Theilen der Welt von Auf=
gang bis zum Untergang aus der Sklaverei des Teu=
fels errettet, und mit einem Male zu Kindern Gottes
umwandelte.“ —

„Ich sehe die Wundermacht aller ertheilten heili=
gen Firmungen, durch welche die Kraft und Weihe
des heiligen Geistes sich in die Herzen der Menschen=
kinder ergossen und sie zu Seinen lebendigen Tempeln
eingeweiht.“ —

„Besonders sehe ich, und danke dem Vater im
Jubel und Troste meines Herzens, für die Verherr=
lichung, die Du Ihm durch Deine persönliche Ge=
genwart im allerheiligsten Sakramente dargebracht,
von dem Abende des Gründonnerstages bis an das
Ende der Welt.“ —

„Ich sehe alle die Altäre der Welt, und alle Stät=
ten, wo Du jemals Dich als Opfer von neuem dar=
gebracht, und wie jede heilige Messe den Vater mehr

verherrlicht hat, als alle Verdienste und Lobpreisun=
gen aller Engel und Menschen vom Anbeginn der
Welt bis in alle Ewigkeit." —

„Ich sehe alle die heiligen Tabernakel, wo Du
verschlossen Dein Bittgebet in Anmuthungen voll
unendlichen Werthes, Tag und Nacht ohne Unterlaß,
zur Sühnung des Menschengeschlechtes zum Himmel
emporgesendet." —

„Ich sehe zugleich alle die unzähligen Kommunio=
nen, in denen die gläubigen Kinder Deiner Kirche
aus so vielen Völkern, Dich je auf Erden empfan=
gen; und sehe die überströmende Fülle von Gnaden,
die jede derselben zur Heiligung der Seelen in sich
schloß." —

„Ich sehe die Kraft Deines kostbaren Blutes,
durch die Ausspendung des heiligen Sakramentes der
Buße und der letzten Oelung, zur Vergebung der
Sünden, sich täglich, stündlich, und das unzählige
Male, begleitet von den größten Wundern der Gnade,
wirksam erweisen. — Wer könnte sie zählen und
genügend bewundern, alle diese geistigen Todtener=
weckungen und geistigen Schöpfungen im Herzen
derjenigen, die diese Sakramente würdig empfangen?

8

wer berechnen den Gewinn der unzähligen Ablässe
Deiner heiligen Kirche, welche alle wohlbereiteten
Herzen wirklich errungen, und wie jeder Engel und
Heiliger zum Dank für diese Verherrlichung Deiner
göttlichen Erbarmung dafür Dich und Deinen Vater
in Ewigkeit preiset!" —

„Ich sehe alle die Ströme der Gnade, die aus
Deinem Herzen zur Bevollmächtigung und Heiligung
der Diener der heiligen Kirche, durch das Sakrament
der Weihe in die Herzen Deiner Geweihten sich er-
goßen, und wie sie im heiligen Amte Alle Eins sind
mit Dir, o ewiger Hoherpriester! vereiniget mit Dir,
wie die Strahlen mit der Sonne!" —

„Ich sehe, wie aus Deinem Herzen dem Menschen-
geschlechte Gnade zufließt durch die Heiligung des
ehelichen Bundes, und die Würde desselben noch höher gestellt, als das im Stande der ursprünglichen
Gerechtigkeit und Unschuld der Fall gewesen." —

„Ich sehe besonders die wundervollen und beseli-
genden Wirkungen der heiligen Sakramente, die ich
selbst in meinem Leben empfangen, und wie Alles
dieses die Ehre Deines himmlischen Vaters, und Deine
eigene Glorie und Seligkeit im Himmel erhöhet." —

„Ich sehe entschleiert die wundervolle Kraft Dei=
nes Beistandes, durch den Du bei Deiner Kirche zu
bleiben versprochen, bis an das Ende der Welt.
Ich sehe wie dieser Beistand so siegreich alle die See=
ligen, die ich hier erblicke, auf dem Wege des Heiles
geleitet, und wie erbarmungsvoll und siegreich Du
durch diesen Deinen Beistand mich selbst gesucht, ge=
heilt, geschirmt, geleitet, begnadiget und an das Ziel
meiner ewigen Seligkeit geführt." —

„O wie jubelt nun mein Herz, daß ich durch diese
meine Rettung Deine Herrlichkeit im Himmel ver=
mehren kann, Dich, den der Vater erhöht und dem Er
einen Namen gegeben, auf daß in Deinem Namen
sich jedes Knie beuge im Himmel, auf Erden und
unter der Erde." —

„Nun sehe ich Dich in jener Herrlichkeit, von wel=
cher der heilige Johannes geschrieben: „Auf seinem
Haupte sind viele Diademe." — Es sind dies die
Diademe Deiner Verherrlichung, als König der
Engel und aller Heiligen, nach ihren verschiedentli=
chen Chören, deren Vorzüge an Dir ich alle königlich
verherrlichet erblicke." —

„Da herrschest Du nun in jener Macht, von der Du

ſelbſt geſagt: „Mir iſt alle Gewalt gegeben im
Himmel und auf Erden.“ —

„Ich ſehe Deine Lenden umgürtet mit dem Gür=
tel der Glorie: Ein König der Könige, ein Herr der
Herrſchenden. — Und Dein glorreicher Name heißt:
Das Wort Gottes — Jeſus!“ —

„O wie hat dieſer ſüße Name mein Leben mit ſo
vielen Segnungen Deiner Huld begnadiget! Selig
der Augenblick, wo ich als Kind meine Lippen be=
wegte, und dieſen Deinen heiligſten, ſüßeſten Namen
zum erſten Male ausſprach: Jeſus! — Selig der
Athemzug, wo ich ihn ſterbend zum letzten Male auf
Erden genannt, und mich an denſelben als an dem
Anker meiner Hoffnung angeklammert.“ —

„Welche Wonne aber durchſtrömt nun erſt mein
Herz, wenn ich dieſen Deinen heiligſten, ſüßeſten Na=
men Jeſus hier vor Dir im Himmel ausrufe, um
Dich in Deiner Herrlichkeit als erlöſte und durch Dich
gerettete Seele zu begrüßen!“

„Wie troſtvoll leuchten mir nun als Unterpfand
meines Heiles, Deine fünf heiligen, ſtrahlenden
Wunden entgegen, die ich mit allen Engeln und Hei=
ligen huldigend anbete. — Sie rufen mir ſo wonne=

voll ins Herz: „Ich dachte an Dich; — Ich ſuchte
Dich; — Ich ſchätzte Dich; — Ich leitete Dich; —
Ich liebe Dich!" —

Nun verſtehe ich, und ſehe erfüllt die Worte des
Propheten: „An demſelben Tage wirſt Du ſagen:
Siehe Gott iſt mein Heiland! und ihr werdet mit
Freuden ſchöpfen aus den Brunnquellen des Erlöſers.
Und Du wirſt ſagen: Preiſet den Herrn, und ruft an
Seinen Namen, und macht es bekannt Seinem Volke;
denn ſein Name iſt hoch. Lobſinget dem Herrn, denn
Er hat alle dieſe großen Dinge gethan. — Juble und
preiſe, Wohnſtadt Sion! denn groß iſt Der, Der in
deiner Mitte wohnt, der Heilige von Iſrael, Der mich
einführt in Siene Seligkeit und Freude." — *

Hat Dir, o Jeſu! bereits mein Herz gedankt, als
ich das Erultet ſeliger Oſterfreude vor Dir ange=
ſtimmt; welch' ein Jubel wird mein, nach Dir ſich
mit ſolcher Sehnſucht des Verlangens ſehnendes Herz
erfüllen, wenn ich Dich nun ſelbſt umfange, Dir an
Deinem Herzen danke, und eingehen darf für ewig in
Deine Freuden.

* Iſa., 12.

Jesus breitet seine Arme nach der geretteten Seele
aus und ruft ihr vor allen Engeln und Heiligen zu:
„Getreue Seele! — gehe ein in meine Freuden!" —
Die Seele eilt zu Ihm. O dreimal selige Umarmung, mit der die gerettete Seele Jesum im Himmel
umfängt, und bei welcher dieselbe Ihm, Ihrem Retter
und Heiland, durchströmt von Seiner Himmelswonne,
dankt, für ewig dankt. — „Was mein ist, ist
dein!" so grüßt Jesus die gerettete Seele, und Er
schmückt sie mit der ihr vorbestimmten Brautgabe,
und krönet sie mit der Krone der Herrlichkeit und
Freude. —

„Pax tibi — der Friede sei mit dir!" so grüßt
Jesus die Seele, und küßt sie. — „Der Friede sei
mit dir; der Friede meiner Liebe; — Der ewige
Friede, nach glücklich durchkämpftem Kampf, und nach
dem für ewig errungenen Sieg. — Der Friede sei
mit dir: für ewig sollst Du keine Versuchung mehr
haben, keine Arbeit, keine Mühe, keine Drangsal,
keine Betrübniß, keine Kränkung, keine Krankheit,
keine Furcht, keine Gefahr, keine Möglichkeit irgend
einer Unvollkommenheit und Unruhe des Gewis-
sens." —

„Meinen Frieden gebe ich dir nach meiner Ver=
heißung durch den Mund des Propheten: „Nie
mehr soll meine Huld von dir weichen, noch der
Bund meines Friedens erschüttert werden, spricht der
Herr, der sich deiner erbarmte." — „Gehe ein in den
Frieden meiner Liebe." — „Den Ueberwinder lasse
ich sitzen auf meinem Thron."

Für wen aber wird wohl dieser Gruß des Heilan=
des trostreicher sein, als für eine Seele, die so glück=
lich gewesen, durch ihre Arbeit und Mühen, Seelen
zu retten, die Jesus so unendlich geliebt, für die Er
so unermeßlich viel gelitten, und sein letztes Tröpf=
lein Blut am Stamme des heiligen Kreuzes ver=
spritzte. Ja welch' ein Trost und welch' ein Jubel,
dem Herrn einst diese Schaaren geretteter Seelen zu=
zuführen, und sagen zu können: „Siehe mein Hei=
land, für diese meine Seele, die Du so theuer erkauft,
so huldvoll geleitet, so gnadenvoll bewahrt hast, habe
ich Dir diese Seelen gebracht. — Herr Du weißt es,
was die Sorge, dieselben zu gewinnen, mich einst ge=
kostet. — Nimm sie hin, zu Deiner ewigen Verherr=
lichung, und als Unterpfand meiner Liebe und mei=
nes ewigen Dankes." — Noch einmal umfängt dafür

Jeſus die Seele und ruft ihr zu: „Gehe ein in
Meine Freuden als Erlöſer der Welt; Ich ſelbſt bin
nun dein überaus großer Lohn, und theile nun zu=
gleich die Seligkeit aller durch deine Mühe und Ar=
beit geretteten Seelen!“

Der Schutzengel leitet die Seele aus den Armen
Jeſu auf ihren Himmelsthron. —

Die Oſtermeſſe beginnt. —

XI.

Die Ostermesse.

Die Hochzeit naht der Gottes Braut,
Eilt an des Altars Stufen!
Es hallt das „Gloria!" wunderlaut;
Hört ihr die Glocken rufen? —
Das Alleluja mächtig stark
Die Seligen anstimmen;
Es bringt bis in des Herzens Mark,
Macht sie in Wonne schwimmen!
Der Ostermesse Freudenmeer
Sich ihnen nun aufschließet,
Denn Er, Er ist es selbst, der Herr,
Den Jeder nun genießet! —

In welchem Sinne ich von einer Messe im Himmel
rede, das soll sogleich aus dem erhellen, was ich
darüber zu sagen habe.

(121)

Nicht als ob im Himmel eine Darbringung jenes
Opfers ſtatt finde, welches Chriſtus auf Erden ein=
geſetzt, und bei welchem Er, zur größeren Ehre Seines
himmliſchen Vaters, unter den Geſtalten des Brodes
und Weines gleichſam verhüllet und vernichtet Sich
aufopfert, um uns dadurch die Gnaden des Opfers
der Welterlöſung, das Er am Kreuze vollendete, un=
blutiger Weiſe zuzuwenden; nein, ich rede von einer
Meſſe, im Himmel nur in dem Sinne, daß der Troſt
und der Jubel, welchen das Meßopfer der Kirche auf
Erden gewährt, auch im Himmel ſeinen Abglanz
habe. —

Mit dem neunmaligen Kyrie beginnt auf Erden
die Oſtermeſſe. — Ebenſo oft hallt es auch, und an=
ſchwellend mächtiger durch die Himmel: „Herr! Du
haſt Dich unſer erbarmt! — Chriſte, Du haſt Dich
unſer erbarmt! — Herr! Du haſt Dich unſer er=
barmt! — Chriſte! Du haſt Dich unſer erbarmt!
— Herr! Du haſt Dich unſer erbarmt!“ —

Die vier und zwanzig Aelteſten ſchwingen die goldenen Schalen, und der Wohlgeruch himmliſchen
Weihrauches, den Jeſus ſegnet, duftet zum Throne
des Allerhöchſten empor. —

Jeſus, der ewige Hoheprieſter, ſtimmt mit wunder=
voll feierlicher und lieblicher Stimme das Gloria
an, und ein hochfeierliches Geläute ſchallt durch die
himmliſchen Räume. — Es iſt das Oſtergeläute ewi=
ger Freuden! —

Gleichwie es vier und zwanzig goldene Schalen
gibt, aus welchen, wie Johannes bezeuget, der Duft
des himmliſchen Incensum ſich vor Gottes Thron
erhebt; ſo denke ich mir, gibt es auch vier und zwan=
zig Glocken, die dort in wundervoller Harmonie er=
ſchallen.

Die Glocke der Allerheiligſten Dreifaltigkeit; —
die Glocke der Welterlöſung oder die Jeſus=Glocke;
— die Marienglocke; — die St. Michaelsglocke; —
die neun Glocken zu Ehren der neun Chöre der Engel,
die um ſo prachtvoller klingen, je höher der Chor der
Engel iſt, deſſen Namen jede trägt; — die Engelglocke,
die Erzengelglocke, die Glocke der himmliſchen Für=
ſtenthümer; die drei Glocken der himmliſchen Kräfte,
Mächte und Herrſchaften; — die Glocke der himm=
liſchen Thronen; — die Cherubim=Glocke; die Sera=
phim=Glocke. — Und ſo auch was die Glocken der
Chöre der Heiligen betrifft: wie feierlich und himm=

liſch ertönt die der unſchuldigen Kinder, die Glocke
der heiligen Ehe= und Wittfrauen, die Silberglocke
der heiligen Jungfrauen; die der heiligen Bekenner
und Prieſter; die Biſchofs=Glocke; die Glocke der
Patriarchen, der Propheten, der heiligen Martyrer,
der heiligen Apoſtel. Endlich die St. Johannes
Baptiſta und St. Joſephs=Glocke. — Zuſammen
vier und zwanzig. — Wenn jede aus dieſen, nach dem
Charakter der Seligen, deren Namen ſie trägt, in ei=
genthümlicher Majeſtät ſo wundervoll und anmuthig
ertönt: — wie herrlich, wie mächtig und jubelvoll
durchwogt nicht erſt ihr Geſammtgeläute die Himmel,
wie daſſelbe bei dem Gloria der Oſtermeſſe ertönt! —

Ich erinnere mich an meine Jugend, wo ich als
Jüngling gewöhnlich meine jährlichen geiſtlichen
Uebungen in der Nähe von Wien, in einem Ordens=
hauſe, in der Charwoche zu begehen pflegte. — Nie
werde ich den Eindruck vergeſſen, den ich da jedesmal
fühlte, wenn am Charſamſtag Abend mit der großen
Glocke der St. Stephanskathedrale das Zeichen zur
Feier der Auferſtehung des Herrn gegeben ward, und
wo dann mit einem Male alle Glocken der ganzen
Kaiſerſtadt, ſich mit den mächtigen und majeſtätiſchen

Klängen der ersteren vereinigten und zu einem Wo=
genmeer von Tönen, Jubel und Osterfreude verkün=
digend, zusammenschmolzen. — Was muß es dann
erst für ein Trost sein, wenn die Seele im Himmel
das Gewoge der Klänge der genannten Himmels=
glocken vernimmt! — Die Himmel erbeben darüber
vor Jubel und alle Engel stimmen zugleich das
Gloria an. —

„Ehre sei Gott in der Höhe, — und Friede, ewi=
ger Friede und ewige Freude Allen, die eines guten
Willens auf Erden gewesen!“ — Und die unzähl=
bare Schaar der Heiligen singt: „Wir loben Dich, o
Jesu! wegen Deiner großen Glorie, Herr! König
des Himmels! Gott! Allmächtiger Vater und Herr
Jesu! Du eingeborner Sohn Gottes! Du Herr und
Gott! Lamm Gottes, Das Du hinweggenommen
die Sünden der Welt! nimm hin unseren Dank und
Jubel, Der Du zur Rechten des Vaters thronest und
Der Du allein heilig, allein der Herr, der Allerhöchste
bist, vereiniget mit dem heiligen Geiste in der Glorie
Deines Vaters. Amen.“ „Alleluja!“ — schallt
es durch die Himmel. —

„Pax Vobis — der Friede sei mit euch!“ — so

grüßt Jeſus, der Hoheprieſter und König, alle Engel
und Heiligen. —

„Wir haben ihn durch Dich erlangt, und danken
Dir!" — ſo antwortet der Chor der Seligen.

Jeſus ſtimmt die Collekte an: „Himmliſcher Va=
ter! Der Du durch meine Sendung auf Erden, das
Menſchengeſchlecht gerettet, und die Seligkeit der
Engel durch dieſelbe erhöhet haſt, nimm hin den
Dank für dieſen Rathſchluß Deiner Erbarmungen,
und gib, daß Alle, die an der Gnade der Erlöſung
Antheil genommen, und die Du mir geſchenkt, ſich
nun mit mir vor Deinem Angeſicht im Jubel himm=
liſcher Oſterfreude ewig erfreuen mögen, Der Du mit
mir und dem heiligen Geiſte lebeſt und herrſcheſt von
Ewigkeit zu Ewigkeit!" „Amen! — Alleluja!"
antwortet mit einer Stimme der Chor aller Engel
und Heiligen, daß es wie das Rollen des Donners
durch die Räume des Himmels hallet. —

Die Epiſtel beginnt.

Eine hochfeierliche Stimme, die vom Throne des
Lammes ausgeht, erinnert alle die Seligen an die
Großthaten Gottes zur Rettung ſeiner treuen Ge=
ſchöpfe, und jeder Selige, ſei es Engel oder Menſch,

blickt dabei in das Buch seines eigenen Daseins, und
bewundert die gnadenreiche Führung der göttlichen
Vorsehung, die ihn aus so vielen Prüfungen und
Gefahren siegreich an das Ziel und Ende seiner Er=
schaffung geleitet. — Welch' ein einiges, feierliches
„Deo gratias!" ertönt zum Dank dafür aus allen
Herzen! —

Jesus stimmt das „Alleluja!" an. Wer kann
den Dank und Jubel ahnen, mit welchem dieses Alle=
luja sich aus der Brust des Welterlösers im Himmel
erhebt; aber auch mit welchem Dank und Jubel und
mit welch' gemeinsamer Freude die Gesammtheit aller
Engel und Heiligen dasselbe erwiedert! —

Und höher und mächtiger erhebt Jesus seine
Stimme, und singt das Alleluja, zum zweiten und
dritten Male: und zum zweiten und dritten Male
antwortet höher und mächtiger der zahllose Chor aller
Seligen.

Und wieder erbeben die Himmel vor Freude darüber.

Das Graduale ertönt, und wächst stufenweise, je
höher der Chor der Seligen ist, mit erhöhter Innig=
keit und Kraft. Alle Engel und Heiligen jubeln voll
des Dankes die Worte des Psalmes: „Lobsinget dem

Herrn, denn er ift gut; und ſeine Erbarmung wäh=
ret ewiglich!" — „Lobſinget Ihm alle Völker, und
preiſet Ihn alle Nationen, weil ſeine Barmherzigkeit
über uns befeſtiget ward, und die Wahrheit des
Herrn währet in Ewigkeit."

Die vier und zwanzig Aelteſten ſchwingen die gol=
denen Weihrauchgefäße, und himmliſcher Wohlgeruch,
den Jeſus ſegnet, durchduftet die Himmel. —

Das Evangelium beginnt.

Eine hochfeierliche Stimme ergeht mit erhöhter
Kraft vom Throne des Lammes, und ſingt mit un=
ausſprechlicher Klarheit, Kraft und Lieblichkeit:

„Selig die Armen im Geiſte; — nun beſitzen ſie
das Himmelreich." —

„Selig die Sanftmüthigen; nun beſitzen ſie das
Erdreich des Paradieſes." —

„Selig die einſt getrauert in Gott; nun ſind ſie
getröſtet in Seinen Freuden." —

„Selig die einſt gehungert und gedürſtet nach der
Gerechtigkeit; nun ſind ſie vollkommen heilig, und
in Gottes Heiligkeit erſättiget." —

„Selig die Barmherzigen; nun ſind ſie belohnt
durch Gottes Freigebigkeit." —

„Selig die eines reinen Herzens gewesen; nun sind sie ohne Makel, und schauen Gott." —

„Selig die Friedsamen; nun, als Kinder Gottes, ruhen sie im ewigen Frieden." —

„Selig die Verfolgung gelitten für Christus, und um der Gerechtigkeit willen; groß, überaus groß ist dafür ihr Lohn in den Himmeln." —

„Lob sei Dir dafür, o Jesu! Alleluja!" — so jauchzt am Schluß der Chor der Seligen."

„Ich bin mit euch!" singt Jesus.

„Und wir mit Dir, Alleluja!" wiederhallen die Himmel. —

Das Credo wird bei der Charsamstag=Messe nicht angestimmt. — So auch nicht im Himmel. Der Glaube hat sich in das Schauen verwandelt.

Kein Gebet zum Offertorium findet am Charsamstag statt: so auch nicht im Himmel; denn völlig sind bereits Alle mit Leib und Seele dem Herrn geopfert, als ein Brandopfer Seiner Liebe in vollkommenster Vereinigung mit Seinem heiligsten Willen. —

Die Opfergabe jedoch wird am Charsamstag dar= gebracht. So auch im Himmel. Es ist dies das

9

heiligste Herz Jesu, das die Anmuthungen der sich
dem Herrn in Liebe opfernden Seligen in Sich
schließt. —

Das Zeichen zur Opferung erschallt. Der sanfte,
feierliche Klang einer Silberglocke hallt durch die
Himmel. — Alle Seligen sind ganz Verlangen, mit
Gott zu sein, sich mit Ihm zu vereinigen, gleichsam
zur Einheit der Natur, in der klarsten Erkenntniß
seiner unendlichen Vollkommenheit, und im Besitze
seiner unendlichen Seligkeit. Sie sind dabei mehr
über die dadurch erstrahlende Glorie und Verherrlichung Gottes erfreut, als über ihre eigene Seligkeit
in Ihm. —

Als der Herr einst dem heiligen Thomas von
Aquin erschien und ihn fragte: „Was verlangst Du
von mir für einen Lohn?" Da antwortete Thomas:
„Herr! keinen anderen als Dich selbst."

„Zeige uns den Vater, und es genügt uns!" —
so erklärt auch Philippus, im Namen aller Apostel
vor Jesu. —

Das ist der Sinn des Offertoriums der Seligen,
bei der himmlischen Ostermesse. Es ist das Offertorium der Liebe zu Gott über Alles; jener Liebe,

die einſt den heiligen Auguſtin aufſeufzen machte;
„O Gott! ich liebe Dich; ja, Herr! ich liebe Dich
unendlich mehr als mich ſelbſt; ſo ſehr, daß, wenn
i ch Gott, und D u Auguſtin wäreſt, ich wünſchen
würde, daß Du Gott ſeieſt, und ich Auguſtin!" —

Es iſt die Sehnſucht nach der höchſten Verherr=
lichung Gottes durch unſere Vereinigung mit Ihm,
die denſelben heiligen Auguſtin einſt alſo verlangen
gemacht: „O Gott, daß doch mein Herz eine Lampe
und alle meine Gebeine Oel wären, und ich mich
gänzlich in der Flamme meiner Liebe zu Dir, zu
Deiner größeren Verherrlichung, verzehren könnte!" —

Die Himmels=Orgel ertönt in den ſeelenvollſten
Accorden, und die Hymnen des Dankes, der Sehn=
ſucht und Liebe der Seligen erheben ſich, durchduftet
vom Wohlgeruch des himmliſchen Incensum, vor
Gottes Thron. — Die Seligen haben alle goldene
Harfen, durch die der Hauch des heiligen Geiſtes
zieht, und die, ſo wie die Orgel verſtummt, in den
wundervollſten Schwingungen ertönen. Und mit
noch größerer Innigkeit der Sehnſucht und Liebe,
ſtimmen die Seligen ihre Hymnen an, und der Herr
erhört ihr Verlangen. —

Eine Stimme ergeht vom Throne und spricht:
„Preiset eueren Gott, ihr alle seine Diener!" „Und
ich hörte eine Stimme," schrieb der heilige Johannes,
„wie die Stimme einer großen Schaar, und wie das
Rauschen vieler Wasser, und wie das Rollen starker
Donner, die sprach: Alleluja! Es regiert der Herr
unser Gott, der Allmächtige. Lasset uns frohlocken,
und Ihm die Ehre geben, denn die Hochzeit des Lammes ist gekommen, und seine Braut hat sich bereitet,
und es ward ihr gegeben, daß sie sich kleide mit glän-
zendem Byssus; und dieser Byssus ist die Gerechtigkeit aller Heiligen. — Selig, die zur Hochzeit des
Lammes geladen sind, und die in dem Blute desselben rein gewaschen, vor dessen Throne stehen." — *

Jesus betet: „Bereitet euch, Brüder! und betet
an, und vereiniget euch mit meinem Herzen, auf
daß das Brandopfer euerer Liebe durch mich vor
dem Angesichte des Vaters unendlich wohlgefällig
werde." —

„Möge der himmlische Vater dieses Brandopfer
unserer Liebe durch Dich, o Jesu! hinnehmen, zu

* Apok., 9.

Seiner größeren Verherrlichung, und zu Deiner höheren Ehre, und zu unser Aller endlosen Freude und Beseligung in Gott dem Dreieinigen. Amen! Amen!" — So antwortet der Chor der Seligen.

Jede Seele, im stillen Erguß des innersten Verlangens ihres Herzens, bekennt vor Gott dem Dreieinigen den Glühdurst ihrer Sehnsucht, einzugehen in Seine unendliche Schönheit, Seligkeit und Liebe.

Jesus stimmt an die Himmelspräfation:

„Gott allein sei Dank und Ehre!"

„Von Ewigkeit zu Ewigkeit. Amen!" erwidern die Engel und Heiligen. —

„Zu Ihm, dem Vater, erhebet euere Herzen!" — singt Jesus.

„Wir haben sie, mit Dir, o Jesu! Ihm völlig geopfert!" erwiedert der Chor der Seligen.

„Sagen wir Ihm ewigen Dank für jede Gnade!"

„So ist es billig und recht!" — jauchzt der Himmel. —

Und Jesus singt mit unaussprechlich feierlicher, liebbeseelter Stimme:

„Ja wohl! billig und recht ist es, himmlischer Vater! daß wir im Jubel himmlischer Freude Dir

danken für jeden Rathſchluß Deiner ewigen Weis=
heit, Gerechtigkeit und Güte; daß wir Dir beſonders
danken, für den Triumph Deiner ſich erbarmenden
Liebe, die Du ſo wundervoll geoffenbart, durch die
Schöpfung, Erlöſung nnd Heiligung der Welt; vor=
züglich aber durch die Beſeligung aller Dir getreuen
und durch mein unendliches Verdienſt Dir wieder=
verſöhnten Menſchenkinder. — Darum nimm hin
von allen Engeln und Heiligen, aus meinem Herzen,
den Tribut unſeres Dankes, unſerer Huldigung und
Anbetung: Heilig! Heilig! Heilig!" ſo
tönt es wunndervoll feierlich aus Jeſus Mund durch
die Himmel.

„Heilig! Heilig! Heilig!" — So be=
ginnt nach Ihm der Chor der Seraphim; und alle
die Chöre der Engel und Heiligen wiederholen es,
bis hinab in die Reihen der unſchuldigen Kinder,
mit immer wachſender Feierlichkeit und Kraft.

Die Silber=Glocke ertönt, und gibt das Zeichen
zur Wandlung.

Die vier und zwanzig Aelteſten fallen nieder und
beten an; Wolken himmliſchen Duftes erheben ſich
aus den goldenen Weihrauchgefäßen. —

Mächtiger und mächtiger ſenken ſich Lichtſtröme
aus dem heiligſten Herzen Jeſu nieder, die den
ganzen Himmel mit unausſprechlicher Klarheit durch=
leuchten. Jeder Selige verklärt ſich in denſelben
mehr und mehr durch dasſelbe. — Chriſtus blickt zum
Vater auf und betet: „Vater! ich bitte Dich,
daß die, welche Du mir geſchenkt, Eins ſeien mit
mir, wie ich mit Dir; — Ich in ihnen, und ſie in
mir." — Die Wandlung erfolgt. — Chri=
ſtus erſtrahlt in jedem Seligen, und jeder Selige
verklärt ſich zu einem lebendigen Ebenbilde Chriſti
in der Glorie. —

Jeſus beginnt das "Paternoster."

„Vater unſer! — mein Vater! — Der Du biſt
in dem Himmel! Geheiliget werde nun Dein Name
für ewig. Dein Reich, — das Reich der Glorie, —
es iſt gekommen. — Sie ſind nun bei Dir, die Dei=
nen Willen einſt auf Erden erfüllt, gleichwie die
Engel im Himmel. — Nun iſt Dein Wille ihre
Seligkeit und ihre überaus wonnevolle Erſätti=
gung. — Sie ſind nun Alle ein Herz und eine
Seele vereiniget in ewiger Liebe, und ſind für ewig
frei von jedem Schatten der Verſuchung und von

jedem Uebel. — Ja Vater, laſſe ſie eingehen durch mich in die Wonne Deiner unendlichen Seligkeit und Liebe. Amen!" „Alleluja!" ſo dröhnen die Donner der Freude durch die Him=mel. —

Die Silber=Glocke ertönet; und gibt das Zeichen zur Communion. —

„O Herr, ich bin nicht würdig!" — ſo bekennt jede Seele im Bewußtſein ihres eigenen Nichts; doch ſie iſt zugleich ganz Sehnſucht nach ihrer we=ſentlichen Vereinigung mit Gott. —

„O Herr, ich bin nicht würdig!" — ſo ertönt es zum zweiten und dritten Male; „aber Du Herr, Allwiſſender, Du weißt es, all' mein Verlangen iſt von Dir, und das Seufzen meines Herzens iſt Dir nicht unbekannt!" —

Die Gottes=Communion beginnt.

Der Herr erfüllt Sein Wort. „Ich ſelbſt bin einſt dein überaus großer Lohn." * — „Und ich werde ſie tränken mit den Gießbächen meiner Freude." † — Seine Erkenntniß iſt der Quell die=

* Gen., 15, 1.   † Pſal., 35, 9.

fer unendlichen Wonne, die die Seele mit himmlischem
Entzücken durchströmt. —

„Alleluja!" — so jubelt die Seele, die sich mit
Gottes Wesenheit im Himmel vereiniget. „Ich sehe.
die allerheiligste Dreifaltigkeit von Angesicht zu Angesicht, und gehe ein in die Kräfte meines Herrn!"
Dies ist der Jubelruf dieser Gottes-Communion. —

Gott ist der Seele letztes Ziel und Ende: so verlangt nicht die Flamme mit der Flamme sich zu vereinigen; nicht dringt die Luft so unwiderstehlich in
den leeren Raum; nicht stürzt ein Mühlstein, von den
Höhen des Firmaments geworfen, so der Erde zu, noch
eilen so drängend die Wasser in den Fällen eines
Niagara sich nach; als dieser natürliche Drang nach
dem Ziele, in übernatürlicher Kraft und Weihe, die
Seele zu Gott als dem Centrum ihres Daseins, ihres
Verlangens, ihrer Seligkeit und Liebe zieht. — O
dreimal seliger Jubelruf und unaussprechlich wonnevolle Gottes-Communion! —

„Alleluja!" so jubelt die Seele auf: „Ich
gehe ein in die unendliche Erkenntniß und Wissenschaft; —— in die unendliche Macht; — in die unendliche Weisheit; — in die unendliche Güte; — in die

unendliche Barmherzigkeit; — in die unendliche Hei=
ligkeit; — in die unendliche Majeſtät und Herrlich=
keit; — in die unendliche Schönheit, Seligkeit und
Liebe; — in Gott, die Wahrheit und das
Leben!„ —

„Alleluja! Nun weſentlich vereiniget mit Gott,
Ihn ſchauend von Angeſicht zu Angeſicht, Der da iſt
die unendliche Wiſſenſchaft und Erkennt=
niß; nun gibt es für mich kein Geheimniß mehr. —
Nun erkenne ich Alles in Ihm — Alles, — Al=
les, — Alles! — Die unergründlichen Reich=
thümer ſeiner unendlichen Wiſſenſchaft ſind nun vor
mir aufgedeckt wie ein aufgerolltes Buch. Und welche
Ströme der Freude ergießt dieſe unendliche Erkennt=
niß in mich, die meine Seele überfluthen!“ —

„Alleluja! Nun weſentlich vereiniget mit Gott,
Ihn ſchauend von Angeſicht zu Angeſicht, Der da iſt
die unendliche Macht, nun begreife ich, wie auch
das Nichts Ihm gehorcht. — Ich ſehe das Werden
der Welt, als hätte ich damals ſchon gelebt, als Gott
ſprach: „Es werde!“ — Ich ſehe in Gott den
Urgrund aller Dinge, und ihr Beſtehen in Ihm,
durch alle Reiche der Schöpfung. Ich überſchaue

Alles: Gegenwart, Zukunft und Vergangenheit; und
ſehe in gleicher Klarheit, das Kleinſte wie das
Größte. Himmel und Erde, Alles was iſt, erſtrahlt
vor mir in all' ſeiner Herrlichkeit und Pracht; und
welche Ströme der Freude ergießt dieſe unendliche
Macht in mir, die meinen Geiſt mit endloſem Jubel
erquickt!" —

„Alleluja! Nun weſentlich vereiniget mit Gott,
Ihn ſchauend von Angeſicht zu Angeſicht, Der da iſt
die unendliche Weisheit, nun ſehe ich klar in
Gott die Ordnung aller Dinge und ihre wechſelſei=
tige Verbindung zur größeren Verherrlichung Seiner,
und zur vollkommenen Beſeligung aller Ihm ge=
treuen, vernünftigen Geſchöpfe." —

„Ich ſehe aufgedeckt und bete an, alle die Rath=
ſchlüſſe Seiner gebenedeiten Vorſehung. Ich
ſehe, wie ſie jedem Engel, und allen Menſchen, die
eines guten Willens waren, die Hand gereicht, und
ſie ihrem Ziel und Ende auf wundervollen Wegen
zugeführt." —

„Beſonders ſehe ich nun in Gott, die unendlich
huldreichen und erbarmungsvollen Rathſchlüſſe und
Führungen, mit welcher dieſe gebenedeite Vorſehung

ihre rettende Hand nach mir ausgestreckt, und mich
an mein seliges Ziel und Ende triumphirend hinge=
lenkt. — Ich sehe alle die unzähligen Mittel, die sie
dazu von Ewigkeit her bestimmt und festgesetzt, und
wie sie mein Heil mit den größten und verborgensten
Weltereignissen in Verbindung gesetzt. — Ich wußte
es auf Erden nicht, warum dieses und jenes vor
Jahrtausenden so geschah; — nun sehe ich, wie die=
ser wundervolle Faden unter der Hand der weisesten
Vorsehung Gottes den wundervollsten Teppich mei=
ner Lebensereignisse gewoben, und in das Prachtge=
mälde seiner, von Engel und Menschen verherrlichten
Vorsehung aufgenommen." —

„Wie dankt ihm nun dafür mein Herz in den in=
nigsten Anmuthungen, und welche Ströme unendli=
cher Freude ergießt diese ewige Weisheit Gottes in
mir, die meinen Geist mit namenloser Wonne über=
fluthen." —

„Alleluja! Nun wesentlich vereiniget mit Gott,
Ihn schauend von Angesicht zu Angesicht, Der da ist
die ewige Güte, nun sehe ich klar, wie jede
gute Gabe von Ihm ausgeht, gleichwie die Sonne
Licht ausstrahlt. — Ich sehe wie jedes Geschöpf

felbft das kleinfte Thierlein, das unfer Auge nicht
mehr erblickt, diefer unendlichen Güte das Dafein,
und jeden Augenblick deffelben verdankt. — Be=
fonders aber fehe ich in Ihm alle die unzähligen
Gaben für Leib und Seele, die diefe ewige Güte mir
bereitet, und von dem erften Augenblick meines Da=
feins, bis jetzt gefpendet hat, und in alle Ewigkeit
fpenden wird. — Jede Stärkung und Erquickung
des Leibes vom erften Pulsfchlag meines Herzens;
befonders aber die unzähligen Erleuchtungen der
Gnade, die Stärkungen des Willens, die Tröftungen
des Herzens; alle die heiligen Sakramente und
was ich immer als Kind der ftreitenden Kirche
genoffen, und dann als Kind der leiden=
den Kirche an Hilfe empfangen, und nun als
Kind der triumphirenden Kirche durch die
ganze Ewigkeit in fo überfchwenglich großer Freige=
bigkeit in mich aufnehme. — Wie dankt dafür mein
Herz nun Gott, und welche unbefchreibliche Wonne
ergießt diefe unendliche Güte in mir, die mich wie in
bodenlofe Untiefen des Troftes verfenkt. " —

„Alleluja! Nun mit Gott wefentlich vereiniget,
Ihn fchauend von Angeficht zu Angeficht, Der da

ist die unendliche Barmherzigkeit! Nun er=
kenne ich klar, wie diese unendliche Barmherzigkeit
den Fall des Menschen nur deßhalb zuließ, damit,
wo die Bosheit überhand genommen, seine Barm=
herzigkeit überfluthe. — Ich sehe wie viele, unzäh=
lige Triumphe diese unendliche Barmherzigkeit ge=
feiert, im Leben so vieler, so tief gefallener und den=
noch geretteter Sünder." —

„Nun erkenne ich besonders, welch' einen Triumph
diese unendliche Barmherzigkeit an mir selbst gefeiert.
Ich sehe nun klar, wie ich so oft nur haarbreit von
der Hölle entfernt gewesen, als diese unendliche
Barmherzigkeit mich erfaßte, mein Herz rührte, mich
stärkte, und mir die Gnade der Bekehrung und auf=
richtigen Wiederversöhnung spendete." —

„Ich sehe wie diese unendliche Barmherzigkeit
gerade m i ch , aus unzähligen anderen, minder
schuldigen Seelen, durch den freien Rathschluß seiner
Erbarmungen auserwählte, wie sie durch das größte
Wunder aller Wunder, jede Makel der Sünde aus=
getilgt, ja so vernichtete, daß davon auch nicht eine
Spur betrübender Erinnerung in der Ewigkeit zu=
rückgeblieben. — Ja ich erkenne nun klar, wie Gottes

Erbarmung felbft aus dem Uebel meiner Schuld noch
Gutes für mich und Andere, und zwar für ewig, zu
ziehen wußte. O wie dankt dafür mein Herz nun
Gott, und welche Ströme von Troft und Jubel ergießt nun diese unendliche Barmherzigkeit in mir,
mit der ich mich nun wesentlich vereinige." —

„Heilig! Heilig!! Heilig!!! Alleluja! nun mit
Gott vereiniget, Ihn schauend von Angesicht zu Angesicht, Der da ist die unendliche Heiligkeit!
Nun erkenne ich klar in Ihm das Gesetz alles Guten,
und erblicke in mir selbst keine Makel des Bösen, sondern nur Heiligkeit in der gänzlichen Vereinigung
mit Seinem heiligsten Willen."

„Nun sehe ich klar, wie alles Gute, das ich auf
Erden gedacht, gewünscht, geredet und gethan, nur
diesem Quell unendlicher Heiligkeit entflossen ist;
wie diese Heiligkeit in Ihm erstrahlt, ohne dessen
Einfluß ich aus mir auch nicht einen guten Gedanken zu schöpfen im Stande war. Nun sehe ich klar,
wie diese unendliche Heiligkeit in meinen Verdiensten
eigentlich nur ihre eigenen Gaben krönet, und doch
zugleich die Beistimmung meines freien Willens
lohnet. — Nun ist dieser mein freier Wille mit

tem Seinigen ganz und völlig für immer
vereiniget, und will Nichts, als was Er will;
iſt ganz Eins mit Ihm, frei von jeder Möglich=
keit dieſer unendlichen Heiligkeit je mehr zu miß=
fallen. " —

„Welch' ein Himmel im Himmel wird mir
durch dieſe Unmöglichkeit des Falles zu Theil, und
welche Ströme von Wonne überfluthen meine Seele,
die nun in der Heiligkeit Gottes aufathmet, der
allein ich die Ehre gebe, und zu deren ewigem Preiſe
und Lob ich nun im Chor aller Engel und Heiligen
das dreimal: Heilig, Heilig, Heilig! anſtimme. "—

„Alleluja! Nun weſentlich mit Gott vereiniget,
Ihn ſchauend von Angeſicht zu Angeſicht, Der da iſt
die unendliche Gerechtigkeit, nun erkenne ich
klar, warum auch kein Teufel es jemals gewagt,
noch in alle Ewigkeit wagen wird, dieſe unendliche
Gerechtigkeit Gottes anzuklagen, die am jüngſten
Tage bei dem Weltgerichte, ſich vor allen Engeln
und Heiligen, und vor allen Verdammten und Teu=
feln einſt offenbaren, und wo es aller Welt klar
werden wird, daß Gott es nicht gewollt, daß
auch nur ein Engel oder Menſch verloren gehe,

sondern daß Jeder selig werde, und daß der Herr
Jedem vergelte, nach seinen Werken."

„Ich benedeie und bete an, die Verherrlichung
dieser Seiner unendlichen Gerechtigkeit, sich offenba=
rend durch die Züchtigung des Bösen. — Hat Seine
Barmherzigkeit geschont, dann war es ein Rathschluß
Seines freien, anbetungswürdigen Willens." —

„Ich sehe diese göttliche Gerechtigkeit durch die
unendlichen Verdienste Christi gesühnt, und sehe, wie
über dem Kreuze des Erlösers sich der Friede und die
Gerechtigkeit geküßt." —

„Ich sehe besonders, wie dieses Verdienst meines
Erlösers mich gefallenes Geschöpf, dieser unendlichen
Gerechtigkeit wieder versöhnte, und wie dieselbe an
mir und allen Seligen das Gute, das Jeder durch
Christi Gnade gewirkt, mit überschwenglicher Freige=
bigkeit belohnet. Ich sehe wie nicht ein einziger
Gedanke oder Wunsch, den ich auf Erden verdienst=
lich erweckte, mir unbelohnt geblieben; — nicht ein
Wort, nicht ein Blick, nicht eine That; — und wie
diese Vergeltung zugleich einen Triumph der göttli=
chen Freigebigkeit in sich schließt, den ich nie geahnt.
— O welch' endlose Wonne ergießt diese Erkenntniß

10

der vergeltenden Gerechtigkeit Gottes in mir, die mich in bodenlose Tiefen des trostreichsten Dankes versenkt!" —

„Alleluja! Nun mit Gott vereiniget, Ihn schauend von Angesicht zu Angesicht, Der da ist die unendliche Majestät und Herrlichkeit, nun erkenne ich klar, in welchem Sinne die Kirche die Worte des Weltapostels so oft wiederholte: „Ihm allein, dem König der Ewigkeiten, dem unsterblichen, unsichtbaren, einzigen Gott, sei Ehre und Lob von Ewigkeit zu Ewigkeit!"* Und warum sie so oft bei dem Gloria der heiligen Messe aufgejubelt: „Wir loben Dich, wir preisen Dich, wir danken Dir für Deine große Glorie! Herr, Gott, König des Himmels, allmächtiger Vater!"

„Welche Ströme der Seligkeit ergießen sich aus diesem Glanze Seiner ewigen Herrlichkeit, und welch' endloser Jubel überfluthet meine Seele, weil es mir gestattet ist, Ihm, meinem Gott und Schöpfer, mit allen Seligen die Ehre zu geben, die Ihm gebührt." —

* I. Timoth., 1, 17.

„Alleluja! Nun weſentlich vereiniget mit Gott,
Ihn ſchauend von Angeſicht zu Angeſicht, Der da iſt
die unendliche Schönheit, nun ſehe ich klar, wie
alle erſchaffene Schönheit, nur wie ein Thautröpflein
iſt, gegen einen endloſen Ocean, mit dieſer Schönheit
Gottes verglichen; und wie in jeder erſchaffenen
Schönheit ein Strahl dieſer unendlichen Schönheit
ſich ſpiegle.“ —

Betrachte, gottliebende Seele! welch’ ein Meer
von Seligkeit ſich in dieſer Wahrheit erſchließet. —
Der heilige Auguſtin ſagt: „Einen einzigen Augen=
blick Gott von Angeſicht zu Angeſicht ſehen und Ihn
in ſeiner Schönheit und Seligkeit genießen und dann
in das Nichts zerfließen wäre ein unendlich über=
ſchwenglicher Lohn für ein Leben voll der Pein, und
wären es auch die Peinen aller Märtyrer.“ — Der
heilige Auguſtin hat Recht. —

Um dieſes einigermaßen zu verſtehen, dient nichts
beſſer, als wenn wir dieſe Wahrheit in einem Gleich=
niß betrachten. —

Zwiſchen einem Kerzenlicht, und dem Licht der
Sonne iſt ein Vergleich. — Licht, Licht, Licht, Mil=
lionen und Millionen von Lichtern, würden doch

endlich einen Ball, ſo lichtvoll als die Sonne bilden.
— Hingegen zwiſchen dem Endlichen und Unendlichen
iſt in alle Ewigkeit kein Vergleich. — Was folgt
hieraus? — Höre und betrachte, gläubige Seele!
und juble. — Würdeſt du mit einem Male die
Schönheit der ganzen Welt überblicken, und würde
dieſe ſchöne Welt in allen ihren Reizen ſich anfangen
zu verklären, und mit jeder Sekunde ſchöner und
ſchöner werden, gleichwie ein Transparent immer
ſchöner und ſchöner wird, je mehr das Licht wächſt,
und dasſelbe durchleuchtet: wie ſchön würde wohl
der Anblick der Welt nach einem Monat, nach einem
Jahre, nach tauſend Jahren werden? Und zu wel=
cher Schönheit würde ſich die Welt nach hundert Tau=
ſenden von Millionen Jahren verklären? —

Und dennoch betrachtende, gottliebende Seele! —
bedenke es: Würde die Welt auf ſolche Weiſe fort
und fort durch eine ganze Ewigkeit an Schönheit
wachſen, ſo würde doch durch die ganze Ewigkeit nie
ein Augenblick kommen, wo man ſagen könnte:
„Jetzt iſt die Welt ſo ſchön wie Gott!‘ Nein! —
zwiſchen dem Endlichen und Unendlichen iſt in alle
Ewigkeit keine Gleichheit. Der Abſtand iſt

und bleibt bei aller Steigerung immer noch un=
endlich.

Gottliebende Seele! frohlocke und juble! — Diese
unendliche Schönheit, — die sollst Du einst sehen
von Angesicht zu Angesicht. Ja, welch' ein „Alle=
luja!" der Freude, wenn die Seele, eingehend
in ihre Gottes=Communion, aufjubelt: „Ich sehe
Gott, die unendliche Schönheit, und welche Ströme
der Seligkeit überfluthen meine Seele, da ich nun
diese Schönheit in mir selbst erstrahlen sehe, mit
Gott wesentlich vereiniget!"

„Alleluja! Nun mit Ihm mich vereinigend, Der
da ist die unendliche Seligkeit, nun er=
kenne ich es klar, wie jede andere Freude und Wonne
der Geschöpfe aus diesem Quell unendlicher Seligkeit
entquoll, und gegen selbe verglichen, wie ein Wasser=
stäubchen gegen den Ocean, verschwindet. Ich gehe
ein in die unendliche Seligkeit!" —

Was will dieser Jubelruf sagen? — Höre, — be=
trachte — und juble! — Könntest du, gottliebende
Seele! in deinem Herzen kosten, genießen jede ge=
schöpfliche Freude, und dieses Freudengefühl, diese
Wonne würde wachsen ein Jahr, — hundert Jahre,

hundert Tauſend und Millionen von Jahren, was
wäre das für ein Wonnegefühl?! — Und dennoch,
würde dieſes Gefühl der Beſeligung wachſen durch
eine ganze Ewigkeit, ſo würde doch n i e ein Augen=
blick kommen, wo du ſagen könnteſt: „ O, jetzt wird
meine Wonne göttlich; — was ich jetzt empfinde,
iſt Gottes Seligkeit!“ — Nein! zwiſchen dem End=
lichen und Unendlichen iſt in alle Ewigkeit k e i n e
G l e i c h h e i t. Der Abſtand bleibt unendlich. Höre
den Jubelruf der Gottes=Communion: „ Nun bin
ich ſelig in Gottes Seligkeit, die mein ganzes Daſein
durchfließt, und mit Gießbächen endloſer Wonne
meine Seele überfluthet.“

„Alleluja! Nun weſentlich vereiniget mit Gott,
Ihn ſchauend von Angeſicht zu Angeſicht, Der da iſt
die ewige W a h r h e i t, nun erkenne ich klar, wie
in Ihm kein Schatten der Veränderung iſt, und
danke Ihm beſonders für das Licht des heiligen
Glaubens, das er mir, als Kind Seiner Kirche ge=
ſpendet, und das ſich jetzt in ein ſo wonnevolles und
beſeligendes Schauen verwandelt hat.“ —

„Welche Ströme der Freude ergießt dieſe ewige
Wahrheit in mir, durch die Gewißheit, die meinen

Geist mit endlosem Jubel überfluthet: „Du bist
und bleibst Gott — mein Gott, von Ewigkeit zu
Ewigkeit." —

„Gott ist das Leben; — Er ist die wesentliche
Liebe." —

„Alleluja! Jetzt mit Gott vereiniget, in Seiner
eigenen Wesenheit und Natur, nun fühle ich erst
eigentlich, was es sagen will: mein Dasein, —
mein Leben — und dessen Beziehung zu Gott, dem
ewigen Leben und wesentlichen Sein. — Nun
erst verstehe ich so ganz die Worte des Apostels:
„Er ist's, Der Allem Leben gibt. In Ihm bewegen wir uns — und sind wir." * Ich fühle in
Gott mein Dasein in seiner Beziehung zur seligen
Unsterblichkeit. Und dieses mein Leben in Gott ist
— Liebe." —

„Alleluja! Nun mit Gott in Seiner Natur vereiniget, in Ihn übergehend, Der da ist die wesentliche
Liebe — d. h. die Liebe selbst: — nun erst fühlt
mein Herz die Ruhe, für die es erschaffen ward, und
die keine geschöpfliche Liebe ihm je gewähren konnte.

* Apostelgesch., 17, 28.

Welche Ströme der Seligkeit entquellen dieser unend=
lichen Liebe, und überfluthen und durchglühen meine
Seele mit endlosem Jubel der Wonne!" —

„Alleluja! Ich bin bei Gott! — mit Gott!
— in Gott! — wie Gott! — und lebe mit
Ihm vereiniget, das Leben Seines Lebens — in
Seiner Liebe und Seligkeit; — und das so lange,
als Gott — Gott ist!" —

„Alleluja! Mit jedem Athemzug durchströmt neue
Erkenntniß, und durch selbe neue, göttliche Wonne
das Innerste meiner durch Gott den heiligen Geist,
mit dem Vater und dem Sohne wesentlich vereinig=
ten Seele!" —

Was dieses Wort: „wesentliche Vereini=
gung" — sagen will? —

Sagen will es: Das Ebenbild Gottes ist
mit seinem Urbilde — mit Gott vereiniget! —
Freue dich gottliebende Seele! —

Sagen will es: du sollst mit Gott dich vereinigen
im Lichte der Glorie, mehr wie das Licht mit der Luft,
und die Luft mit dem Raum sich vereiniget; mehr
und inniger als schmelzendes Wachs in Wachs
zerfließt. —

Mehr sagt diese Vereinigung, unendlich mehr, als irgend ein Vergleich es je vollständig verdeutlichen könnte; denn sagen will dies Wort: Göttliches Ebenbild! du sollst dich mit Gott, deinem Urbilde, in Seiner Seligkeit und Liebe gleichsam zur Einheit der Natur vereinigen, und dadurch gleichsam selbst Gott werden. — O! darf ich das sagen?! — Ja wohl! der römische Katechismus berechtiget mich, das zu behaupten. —

Gewiß, wenn es einen Vergleich gibt, der uns ahnen läßt, was das sagen wolle: Die wesent= liche Vereinigung Gottes mit der Seele im Lichte der Glorie, so ist es eben der Vergleich, dessen sich der römische Katechismus bedient. —

Derselbe sagt nämlich: „Gleichwie Eisen im Feuer, das Feuer in sich aufnimmt, und wenngleich seine Wesenheit nicht ändernd, dennoch etwas ande= res zu sein scheint als es wirklich ist, nämlich Feuer: eben so verwandelt sich die Seele im Him= mel, umflossen vom Licht der Glorie zur Aehnlichkeit Gottes: sie bleibt ein Geschöpf, und scheint doch Gott zu sein." —

Heilige Kirche! hast du da nicht zu viel gesagt?

— Nein! Oeffne die heilige Schrift, und erwäge die
Stelle aus dem Sendschreiben des heiligen Johannes,
auf welche der römische Katechismus ausdrücklich
hinweiset. — Wir lesen da, wie folgt:

„Geliebteste! jetzt sind wir Kinder Gottes, aber
es ist noch nicht offenbar, was wir sein werden.
Wir wissen aber, daß wenn Er erscheinen wird, wir
Ihm ähnlich sein werden, weil wir Ihn sehen wer=
den wie Er ist. * — "

Der römische Katechismus folgert hieraus:

Erstlich, daß wir Gott anschauen werden in
Seiner Natur und Wesenheit, was aber nie der Fall
sein könnte, wenn sich nicht Seine Wesenheit selbst
mit uns verbände.

Er folgert aus dieser Stelle:

Zweitens, daß wir durch diese Vereinigung
mehr wie Gott selbst aussehen werden, denn wie
Geschöpfe; gleichwie, um bei dem Vergleiche zu blei=
ben, das Eisen im Feuer mehr Feuer zu sein scheint,
als Eisen. —

So lehrt der römische Katechismus. — Wundern

---

* Joh., 2, 3.

wir uns deſſen nicht; verſichert doch Jeſus ſelbſt:
„Ihr werdet ſein wie die Götter, und das Wort der
Schrift kann nicht gelöſet werden.“ *

Hörſt du, gottliebende Seele? — Chriſtus ſelbſt
verſichert dich, du ſollſt einſt werden wie Gott!
Fragſt du noch, was der Himmel iſt? —

Wir können übrigens dieſe Wahrheit auch noch
durch einen anderen Vergleich anſchaulich machen,
zum höchſten Frohlocken unſeres Geiſtes, in der Er=
wartung der Dinge, die einſt, und das ſo bald, kom=
men ſollen. —

Ich ſage nämlich: Würde Jemand auf einen
Spiegel hinblicken, und dieſer Spiegel wäre ſo ge=
richtet, daß man die Thüre in demſelben ſchauen
könnte, ohne die Thüre ſelbſt zu ſehen: ein Solcher
würde, wenn eine andere Perſon nun zur Thüre her=
ein träte, jene zwar ſelbſt nicht ſehen, aber doch das
Abbild im Spiegel. Er würde alſo, wenn dies eine
ihm bekannte Perſon wäre, auf die Frage: „Wer
iſt eingetreten?“ auch ſogleich antworten: „O, das
iſt mein Vater; meine Mutter; mein Bru=

* I. Joh., 3 2.

der; — mein Freund." — Das Bild im Spiegel iſt
zwar nicht die Perſon ſelbſt, aber doch ein Abbild der=
ſelben, und könnte dieſe Perſon ihrem Abbilde zugleich
das eigene Leben mittheilen, ſo könnte man gleichſam
von dieſem Bilde ſagen: „Er iſt es ſelbſt." — So
erſtrahlt Gottes Weſenheit einſt in dem Ebenbild der
Seele, wenn dieſe einſt im Lichte der Glorie, ſich mit
Ihm zur Einheit der Natur vereiniget.　Recht hatte
demnach ein Geiſteslehrer neuerer Zeit, wenn er ſagte:
„Es gäbe im Himmel gleichſam ſo vielmal Gott, als
es Seelen gibt, in welchen Sein göttliches Ebenbild
erſtrahlt."

Alsdann erfüllen ſich buchſtäblich an jeder Seele
die Worte des heiligen Paulus: „Enthüllten Ange=
ſichtes ſpiegelt ſich dann die Herrlichkeit des Herrn
an uns ab, und wir werden umgewandelt in das=
ſelbe Bild, von Klarheit zu Klarheit wie vom Geiſte
des Herrn."*

Doch Chriſten! Brüder! Kinder der heiligen
Kirche! ſolch' ein Himmel naht; ſolch' eine Verwand=
lung in Gott, ſolch' eine Vereinigung mit Ihm, der

---

* II. Corinth., 3, 18.

unendlichen Schönheit, — Seligkeit und Liebe, war=
tet unſer! — Sollte da nicht jedes Menſchenherz mit
David im Drange namenloſer Sehnſucht aufſeufzen.
„O wer wird mir Taubenflügel geben, daß ich mich
erhebe, und zum Himmel erſchwinge!"* — „Wie
der Hirſch nach der Quelle, ſo verlangt meine Seele
nach Dir."† „Wann, o Herr! wann werde ich er=
ſcheinen vor Deinem Angeſichte? — Wann werde
ich mich ſo mit Dir vereinigen, wie mein Herz mit
jedem Schlage und mit jeder Anmuthung, und meine
Seele mit jeder Kraft des Geiſtes darnach unausge=
ſetzt verlangt? — Wann, wann wird es mir endlich
geſtattet ſein, im Jubel aller Seligen aufzurufen:
„O Gott, Du meine Liebe! ich bin nun Eins mit
Dir; und das für ewig, zu Deiner größeren Ehre
und ewiger Verherrlichung!" —

Nun iſt dieſes ihr Verlangen überſchwenglich
wonnevoller erfüllt, als ſie es jemals auch nur zu
ahnen im Stande war.

Dies iſt die Kommunion der Oſtermeſſe. —

Alle die Seligen ſind ganz Anſchauung und Ge=

* Pſ., 54.   † Pſ., 41.

nuß, — Beſitz Gottes. Lob, Dank und Liebe
ſind die drei Anmuthungen in dieſer Ihrer Vereini=
gung mit Gott dem Vater, dem Sohne und
dem heiligen Geiſte. —

Was dieſen Anmuthungen ganz beſonders den
Charakter wahrer und gewiſſermaßen unendlicher
Gottesverehrung mittheilt, iſt die perſönliche Verei=
nigung der Seligen mit Chriſtus. —

War dieſe Vereinigung mit Jeſus auf Erden, im
Allerheiligſten Sakramente, ſchon ſo unausſprechlich
einig und wundervoll, ſo daß Jeder, Jeſum im Her=
zen umfangend, ausrufen konnte: „Ich lebe, aber
nicht ich, — in mir lebt Chriſtus!" — wie völlig iſt
nicht erſt dieſe Vereinigung bei der Himmelskommunion
mit Chriſtus, durch Den wir zum Vater gelangen,
und deſſen perſönliche Vereinigung mit Gott, die
ganze Schöpfung, beſonders die Menſchennatur, ſo
ſtaunenswerth mit Gott, dem Schöpfer, vereiniget? —

Die Wonne des göttlichen Herzens Jeſu durch=
ſtrömt die Herzen aller Seligen, und hinwieder kehrt
die Wonne Aller Seligen zurück in dieſes Herz. —
Das iſt der Kuß des Friedens und der Liebe, der
vom Lamme Gottes ausgeht, und alle Seligen in

ein durch die Liebe und der wechselseitigen Mittheilung vereiniget. —

Ich frage dich, betrachtende Seele! was meinst
du, wie lange mögen wohl die Seligen in den
unnennbaren Wonnen dieser Gotteskommunion verweilen? — Wir wissen, wie Heilige nach der Kommunion in Gott versenkt, Stunden und Stunden
lang in den Anmuthungen der Anbetung, des Dankes und der Liebe mit Christus vereiniget, verweilten,
und wie diese Stunden für sie wie Minuten dahin-
schwanden. — Wie lange werden wohl die Seligen,
in die Untiefen göttlicher Wesenheit versenkt, und
durch die süßesten und seligsten Bande der Vereinigung mit Gott, der unendlichen Schönheit, Seligkeit
und Liebe festgehalten, in dieser Himmelskommunion
verweilen? — Sollen da nicht Jahrhunderte wie
Sekunden dahin schwinden? —

Endlich, durch Christus geweckt, kehren die Seligen
zurück aus ihrer Gottesentzückung, und vollenden die
Feier der Ostermesse.

XII.

Die Vesper im Himmel.

Des Alleluja Donnerchor
Von Neuem sich erhebet,
Mit größer'm Jubel denn zuvor,
Die Seligen belebet;
Das innigste Magnificat
Mit Trost sie All' erfüllet hat;
"Te Deum" sie nun singen,
Getrag'n auf Seraphsschwingen. —

Von Moses lesen wir, daß sein Angesicht strahlte, wenn er mit Gott allein sprach; so daß er genöthiget war, ein Tuch vor sein Angesicht zu legen, wenn er aus der Stifthütte trat, damit die Kinder Israels mit ihm reden konnten.* — Wie

* Exod., 34.

(160)

leuchtend und in ihrer erhöhten Himmelsschönheit
verklärt, gehen wohl die Seligen aus dieser ihrer
Gotteskommunion hervor, und mit welcher Kraft
und Innigkeit erschallt das dreimalige „Alleluja!"
als Antiphon der Vesper, die sich am Charsamstag
an die Ostermesse anschließt, und einen Theil dersel=
ben bildet! —

„Lobet Gott alle Geschlechter, lobet Ihn alle Völ=
ker!" — so singen die Engel. „Denn seine Barm=
herzigkeit ist über uns befestiget, und seine Wahrheit
währet ewiglich!" — so erwiedern die Heiligen.

„Die Ehre sei Gott dem Vater, und dem Sohn,
und dem heiligen Geiste; wie sie war von Anfang,
jetzt, und alle Zeit, und zu ewigen Zeiten. Amen!"
So jauchzt der ganze Himmelschor, und im Freu=
benjubel des dreimal wiederholten „Alleluja! Alle=
luja! Alleluja!" erzittert das Himmelsgewölbe. —
Nun ertönt die Antiphon des Magnificat: „Das
ist der Tag, den Gott gemacht; — freuen wir uns
und jubeln wir. Alleluja!"

Maria erhebt sich nun auf Ihrem Himmelsthron
und stimmt dankentzückt das Magnificat an:

11

„Hochpreiſet meine Seele den Herrn, und mein Geiſt frohlockt in Gott, meinem Heiland:

„Denn er hat angeſehen die Niedrigkeit ſeiner Magd.

„Siehe von nun an, werden mich ſelig preiſen alle Bewohner des Himmels:

„Denn Großes hat an mir gethan, Der da mächtig iſt, und heilig Sein Name.

„Er iſt barmherzig von Geſchlecht zu Geſchlecht, denen die Ihn lieben.

„Er hat Macht geübt mit Seinem Arme; hat zer- ſtreut, die da hoffärtig geweſen in ihres Herzens Sinn.

„Die Gewaltigen hat Er geſtürzt vom Throne, und hat erhöhet die Niedrigen.

„Die Hungerigen erfüllte Er mit Gütern; die Reichen ließ Er leer ausgehen.

„Er nahm Sich an Israels, Seines Knechtes; ein- gedenk Seiner Barmherzigkeit;

„Wie Er durch Chriſtus, Seinen Sohn, es mir verſprochen, und allen Seinen treuen Dienern ewig- lich!“ —

Maria dankt im Angeſichte des ganzen Himmels

der allerheiligſten Dreifaltigkeit für ihre Auserwäh=
lung im Reiche Gottes.　Sie dankt auf gleiche Weiſe,
vor allen Engeln und Heiligen Jeſu für Seine Liebe,
Zärtlichkeit und göttliche Freigebigkeit gegen ſie, als
Seine Mutter.

Alle die Seligen ſingen mit ihr: „Die Ehre ſei
Gott dem Vater und dem Sohne und dem heiligen
Geiſte!" Sie erkennen, wie im klarſten Spiegel, die
unermeßlichen Gaben und Gnaden, die der Herr ihr
mitgetheilt.　Sie huldigen ihr von neuem als der
Himmelskönigin, und danken mit ihr der allerheilig=
ſten Dreifaltigkeit: dem Vater, der ſie zu Seiner
vielgeliebten Tochter auserwählt; dem Sohne, der
ſie zu Seiner vielgeliebten Mutter erkoren; dem hei=
ligen Geiſte, der ſie zu Seiner vielgeliebten Braut
erleſen. —

Sie erkennen zugleich, wie treu Maria jede dieſer
Gnaden zur größeren Ehre Gottes benützt, und lob=
preiſen die allerheiligſte Dreifaltigkeit, für die Ver=
herrlichung, die ihr dafür an der Seite ihres gött=
lichen Sohnes zu Theil geworden. —

Sie erkennen aber zugleich auch im hellſten Lichte,
die unzähligen Gnaden, die jedem der Seligen durch

Maria zugefloſſen, und wie ſie Alle, nächſt Gott,
ihrer mütterlichen Liebe und Sorge ihre eigene Se=
ligkeit ſchulden. — Sie erkennen, wie wundervoll die
göttliche Vorſehung mit der Auserwählung, Erhöhung
und Beſeligung Mariä, ihre eigene Auserwählung,
Erhöhung und Beſeligung verbunden habe. —

Wenn die Erinnerung an dieſe huld= und gnaden=
reiche Führung der göttlichen Vorſehung, die jede
gerettete Seele auf Maria, als den Stern des Heiles
hingewieſen, bereits auf Erden das Herz jedes wah=
ren Kindes Gottes mit ſo großem Danke erfüllte,
und mit dem heißeſten Verlangen beſeelte: „Was
werde ich dem Herrn wiedergeben für Alles was Er
mir durch Jeſus und Maria gegeben?“ — wie muß
nicht erſt im Himmel jede Seele von dem Wunſche
erglühen, nach ſolchen Erfahrungen der göttlichen
Huld und Liebe, das Loblied des Dankes dafür vor dem
Herrn anzuſtimmen, der Großes an ihr gethan? —

Eine Stimme vom Throne des Lammes ertönt.

„Ihm allein, dem dreieinigen Gott, ſei die Ehre,
durch Jeſum Chriſtum, ſeinen eingebornen Sohn,
durch den Er ſein Wort erfüllt hat: „Er wird ihr
Gott, und ſie werden Sein Volk ſein. Alleluja!“

„Magnificat!" — so jubelt der ganze Chor der
Seligen, mit Maria, noch einmal auf, und im Freu-
dengesang ergießt jede Seele ihren Dank vor Gott,
und lobet und preiset Ihn, in Erinnerung an alle die
wundervollen Dinge, die Er an ihr gethan, und durch
welche Er Seine Allmacht, Weisheit, Erbarmung und
Liebe an ihr mit so großem Glanze verherrlichet hat.—

Ich denke mir dabei, die Seligen singen dieses
Magnificat, dessen Motiv Maria angegeben, mit
abwechselnder und anschwellender Kraft und Fülle
nach jener Art Gesang, den man in der Musik einen
Canon nennt. —

Engel begleiten mit himmlischem Harfenspiel denselben und es duftet aus goldenen Schalen, die Engel schwingen, himmlischer Wohlgeruch, den Jesus
segnet, durch die Höhen der Himmel bis hin an Gottes Thron. —

Wieder ertönt die Antiphon: „Das ist der Tag,
den Gott gemacht; — freuen wir uns und jubeln
wir Alleluja!"

Christus grüßt die Seligen: „Ich bin mit Euch!"
„Und wir mit Dir, in alle Ewigkeit. Alleluja!"—
antwortet der Chor der Seligen. —

Jesus singt das Schlußgebet: „Himmlischer Va=
ter! Der Du durch den heiligen Geist, Alle die Dich
Vater nennen, mit den Wonnen Deiner Seligkeit,
Meiner Verdienste wegen, erfreuest: sie Alle bringen
Dir, durch Mich, ihren ewigen Dank dafür dar, zu
Deiner größeren Ehre, der Du mit Mir und dem
heiligen Geiste lebest und herrschest, Gott von Ewig=
keit zu Ewigkeit." — „Amen! Alleluja!" — erwie=
dern die Seligen, und die Himmel erbeben im Don=
ner der Freude. —

„Ich bin mit Euch!"

„Und wir mit Dir, o Jesu!" —

Eine Stimme vom Throne des Lammes erschallt,
und singt hochfeierlich das: „Ite, missa est." —
„Alleluja! Alleluja! Alleluja!" — so hallt es durch
die seligen Räume. —

„Deo gratias! Gott sei Dank! Alleluja!
Alleluja! Alleluja!" — erwiedert der Chor der Se=
ligen, und von Neuem jauchzen im Wiederhall die
Himmel. —

Christus segnet die Gemeinschaft der Heiligen, und
man höret vom Throne des Lammes, während in
feierlicher Stille die Seligen aufmerken, laut und

wundermächtig das Evangelium des heiligen Johan=
nes ſingen, ſo wie es im Himmel geſungen wird:

„Im Anfange war das Wort, und das Wort
war bei Gott und Gott war das Wort; und es war
im Anfang mit Gott. Alles iſt durch dasſelbe ge=
macht, nnd ohne dasſelbe iſt Nichts gemacht, was
immer gemacht iſt. In ihm war das Leben, und
das Leben war das Licht der Menſchen, um ſie zu
ihrer ewigen Beſeligung zu leiten. — Hier bei Ihm
ſind ſie nun Alle, die von demſelben durch ihr Leben
Zeugniß gaben. Er, der Herr und Heiland der
Welt, Er eröffnete als Sieger den Himmel wieder.
Er kam in ſein Eigenthum, und nahm die Seinigen
zu ſich auf, und gab ihnen das Recht, als Kinde
Gottes zu theilen Seinen Triumph und Seine Freuden
Und das Wort iſt Fleiſch geworden, und wohnt un=
ter uns, und wir ſehen Seine Herrlichkeit, als die des
Eingebornen, voll der Gnade und der Wahrheit.“—
„Amen! Amen!“—ſo hallt es durch die Himmel.—
Die himmliſche Oſtermeſſe iſt beendigt. —

Jeſus ſtimmt das „Te Deum“ an: „Großer
Gott, wir loben Dich!“ — Abwechſelnd ſingt der
Chor der Engel und Heiligen es mit Ihm. Die

Himmelsorgel ertönt, und im vollem Schwung durch=
wogt der Schall der Himmelsglocken die ewigen
Räume. Myriaden dankender Stimmen ſchwellen,
ſich vereinigend, zu einem Ocean des Jubels heran,
der, in den wachſenden Fluthen der Freude überſtrö=
mend, bis zum Throne des ewigen Vaters ſich er=
hebet. —

Und wieder zittern die Himmel vor Wonne, und
ſelbſt in den Tiefen der Hölle wiederhallt, wenn auch
ſchwach, und wie aus weiter Ferne, das Echo des
himmliſchen Jubels. Die böſen Geiſter und alle die
Verdammten ſchaudern darüber in Trauer und
im Gram der Verzweiflung, ob des Verluſtes einer
ſolchen Freude! —

Die Seligen ſingen das „Te Deum” bis zu jener
Stelle, die beſonders Chriſto dem Heiland der Welt,
die Ehre gibt: „Da thronest Du nun zur Rechten
Gottes, in der Glorie des Vaters, Du, durch Den
uns Heil geworden! Alleluja! “ —

„Laſſet uns loben den Vater, den Sohn, und
den heiligen Geiſt! Alleluja! “ — ſingen alle Engel.

„Loben und verherrlichen wir Ihn in Ewigkeit.
Alleluja! “ — erwiedern die Heiligen.

Jesus singt: „Himmlischer Vater! dessen Erbarmung ohne Zahl, und dessen Güte unermeßlich ist, Ich danke Dir mit Allen, die Du Mir geschenkt, für Alle Deine, durch Mich ihnen zugewendeten Gnaden, und gebe Dir dafür mit ihnen die Ehre durch alle Ewigkeit!"

„Amen. Alleluja! Alleluja! Alleluja!" beschließen dankerglüht die Heiligen.

„Regina Coeli!" „Erfreue dich, Himmelskönigin!" — so jauchzt nun der Engelchor zum Lobe Mariä, der Himmelskönigin, auf. Die Herrlichkeit Mariä erstrahlt mit erneuertem Glanz. — Es ist der Sonnenglanz im Lichte der Glorie, der die sterngekrönte Himmelskönigin umleuchtet.

„Erfreue dich, Himmelskönigin!" — singen die Engel; — „weil Der, Den du im Mutterleibe getragen, die Himmel durchdrungen, und uns mit ewigem Jubel erfüllet und unsere Glorie vermehret hat!"

„Erfreue dich, und juble!" — so fährt der Chor der Heiligen fort; — „denn der Herr der Glorie, Dein Sohn, ist wahrlich der Heiland der Welt, durch Den wir selig geworden. — Alleluja!"

Und Jesus dankt dem himmlischen Vater, Der

Ihm Maria zur Mutter gegeben, und Er dankt Ihr
ſelbſt vor allen Engeln und Heiligen, daß ſie Ihm ſo
treu, als Eva des Neuen Teſtamentes, auf Erden
beigeſtanden, und wünſcht ihr Glück, daß ſie nun
auch im Himmel ſich einer ſo unermeßlich großen
Herrlichkeit erfreue, und Ihm als Königin und
Mutter zur Seite ſtehe. —

Jeſus umarmt Maria; und alle die Engel und
Heiligen beten :

„O Gott, Der Du durch die unendlichen Ver=
dienſte, und beſonders durch die Auferſtehung und
Himmelfahrt Deines göttlichen Sohnes uns Alle in
den Wonnen ewiger Oſterfreude in Deinem Reiche
vereiniget haſt, nimm an unſern ewigen Dank, daß
wir mit Jeſus und Maria dieſe Freuden zu Deiner
größeren Ehre nun ewig theilen, durch denſelben
Jeſum Chriſtum unſeren Herrn, Der mit Dir, o
Vater! und dem heiligen Geiſte, gleicher Gott lebet
und herrſchet von Ewigkeit zu Ewigkeit. Amen.
Alleluja!“ —

Auch Maria ſegnet nun als Mutter und Him=
melskönigin die Gemeinde der Engel und Heiligen. —

Dies, gottliebende Seele! iſt die jubelvolle Oſter=

freude im Himmel, in gottesdienstlicher Beziehung, in so weit die Ceremonien der heiligen Kirche auf Erden bei ihrer Osterfeier im Vorbild und Abglanz darauf hinweisen. —

Es schließt dieses himmlische Osterfest zugleich in sich, die Freuden der übrigen Feste, die wir als Kinder der Kirche auf Erden feiern. Die Freude von Weihnachten, Pfingsten und Frohnleichnam; die Freude der Feste Mariä und aller Heiligen; denn was immer diese Feste mit Trost und Jubel erfüllt, ist in der Osterfreude des Himmels eingeschlossen, und wir feiern es dort mit Jesus und Mariä und allen Heiligen, wo der heilige Geist uns Alle zu einem Reiche der Liebe und der dankbarsten Erinnerung an das vollendete Werk unserer Erlösung vereiniget. —

XIII.

Die geschöpflichen Freuden im Himmel.

Wohl gibt es hier auch Freuden; —
Sie mildern unsere Leiden;
Doch unvollkommen schwinden sie,
Sind stets gepaart mit Sorg' und Müh'. —
Im Himmel quillt ein Born,
Kein Trost geht dort verlor'n;
Die Freude, die uns da erquickt,
Uns voll und ewiglich beglückt. —

Gleichwie die Kinder der heiligen Kirche auf Erden sich nicht blos in gottesdienstlicher Feier zur heiligen Osterzeit, und sonst im Laufe des Kirchenjahres, erfreuen, sondern auch im erlaubten Genuß anderer Freuden sich vergnügen, und Gott dadurch die Ehre geben, so auch, was die Heiligen im Himmel betrifft. — Sie genießen diese Freuden in

(172)

Gott nach Seinem heiligsten Willen, und bleiben dabei auch beständig in der Anschauung Gottes; gleichwie wir, im Tageslicht der Sonne wandelnd, durch ihr Licht und ihre Wärme erquickt und gestärkt werden, wenn wir auch nicht gerade zur Sonne selbst aufblicken. —

Da Gott uns in das Dasein rief, und mit bestimmten Fähigkeiten begabte, die sich nicht blos auf Ihn, den Schöpfer, sondern auch auf die Geschöpfe beziehen, so lag es auch in dem Rathschlusse Seiner ewigen Weisheit und Güte, daß auch diese ihre überschwengliche Befriedigung in den endlosen Freuden des Himmels finden sollten.

Und was sind wohl dies für Freuden? —

Der Apostel antwortet einerseits: „Kein Auge hat es gesehen, kein Ohr gehört und kein Menschenherz geahnt, was Gott denen bereitet hat, die Ihn lieben." Allein er ermuntert uns andererseits doch, davon, so viel wir im Stande sind, im Vergleiche zu erfassen und zu betrachten. Er sagt: „Wir sehen hier nur dunkel, wie in einem Spiegel." — Was will dies sagen? — Es will sagen: „Was Freude hier ist, ist auch Freude im Himmel; nur unendlich

höher, glorreicher und unermeßlich beſeligender, —
weil ganz eigentlich göttlich. Die Form dieſer
Freuden, und ihr Charakter als himmliſche Freude
iſt uns unbekannt, allein wir ahnen doch ſo viel von
ihrer Weſenheit, als erfordert wird, und genügend iſt,
um uns mit der heißeſten Sehnſucht zu erfüllen, und
in dem Entſchluſſe zu ſtärken, Alles zu thun, was wir
nur zu thun im Stande ſind, um uns den möglichſt
höchſten Platz in der Glorie, und das möglichſt größte
Maß dieſer Freuden zu ſichern. — Nennt doch die
heilige Schrift ſelbſt den Himmel das „Reich der
Freude; eine Bezeichnung, die uns berechtigt,
Alles, was wahre Freude in Gott iſt, und zu Seiner
größeren Verherrlichung dient, uns auch im Himmel
zu denken, ſo wie der Begriff der Gemeinſchaft der
Heiligen, uns dieſe Freuden vergleichungsweiſe
himmliſch vor Augen ſtellt.—

Dieſe Freuden heißen: Vorzüge des Gei-
ſtes, Schönheit des Leibes, Geſundheit, Beſitz,
Reichthum, Pracht der Außenwelt; und in ge-
ſellſchaftlicher Beziehung: Adel, Bildung, Umgang,
Muſik, Mittheilung der Erkenntniß und Freude,
Freundſchaft und wechſelſeitige Liebe. —

Wie denke ich mir das Alles im Himmel? —
Ich antworte: himmlisch. — Ich denke mir
nämlich All' dies unendlich über alles Irdische erha=
ben, und mit dem Charakter der Verherrlichung
Gottes und Seiner Huldigung bezeichnet. —

XIV.

Die Eigenschaften des Leibes und der Seele in der Glorie. — Pracht der himmlischen Schöpfung.

O welch' süßer, tiefer Frieden
Ist den Seligen dort beschieden,
Die, erlöst aus allen Leiden,
Nun sich freuen aller Freuden.
Bald kommt auch für mich die Stunde,
Die da heilet jede Wunde;
Wo mit Gott vereinigt werden,
Die Ihm treu gedient auf Erden.

Was erstlich die Vorzüge des verherrlichten Leibes nach der Auferstehung betrifft, so ist derselbe für den Himmel in einer Weise verwandelt, und zu einer solchen Schönheit verklärt, daß dagegen jede irdische Schönheit nur wie ein Schatten verschwindet und keine Phantasie es jemals zu ahnen im Stande ist. —

(176)

Die heilige Schrift nennt beſonders **v i e r** dieſer Gaben des verherrlichten Körpers, nämlich: **die Geiſtigkeit, die Leichtigkeit, den Glanz und die Unzerſtörbarkeit.** *

Was die **Geiſtigkeit** betrifft, ſo wird darunter die Feinheit, Durchdringlichkeit und übernatürliche Schönheit der Weſenheit und Form der verklärten Leiber verſtanden. —

Was die **Leichtigkeit** betrifft, ſo wird der Leib ſich mit der Schnelligkeit des Gedankens bewegen, ſo daß der Menſch, wo er ſich hindenkt, auch ſchon da iſt. —

Was den **Glanz** betrifft, ſo verſichert Jeſus: „Die Gerechten aber werden leuchten wie die Sonne im Reiche Meines Vaters."

So betheuerte auch Maria, in einer Erſcheinung, der heiligen Brigitta, daß die Gerechten als eben ſo viele Sterne, vor dem Throne ihres göttlichen Sohnes leuchten werden, mit deren Glanz Nichts verglichen werden kann. —

Was die **Unzerſtörbarkeit** betrifft, ſo ſind

---

* I. Cor., 15.

12

die verherrlichten Leiber frei von jeder Unannehmlich=
keit, und erfüllt mit unausſprechlicher Wonne; ſo
wie nur Gott allein dieſelbe dem Menſchen, ſeinem
Körper nach, mitzutheilen im Stande iſt.   Dabei
ſind die Körper unauflösbar: „Und es wird kein
Tod mehr ſein.“ —

Erinnern wir uns, was ich von jener Erſcheinung
geſagt, welche die heilige Thereſia gehabt, bei der ſie
die Hand Jeſu Chriſti ſah, und die ob dem Uebermaß
der Wonne, die bei dieſem Anblick ihr Herz durch=
ſtrömte, ſogleich in Entzückung gerieth. — Eine ähn=
liche Verherrlichung wird im Himmel jedem Körper
der Seligen zu Theil, da ſie ja Alle, wie der Apoſtel
verſichert, nach der Aehnlichkeit und dem Vorbilde
Chriſti, vom Grabe auferſtehen werden, um auch in
ihren K ö r p e r n den Lohn zu empfangen für die
Werke, welche die Seelen einſt, mit ihren Leibern
vereiniget, im Dienſte Gottes auf Erden vollbracht.

„O ſelige Buße, die mir ein ſolches Maß der
Freude im Himmel bereitet hat!“ ſo ſprach der heilige
Petrus von Alkantara, als er, wie wir bereits erwähnt,
nach ſeinem Tode der heiligen Thereſia erſchien. —

Welche Wonne für die Seligen, einen in ſolcher

Weiſe verherrlichten Leib zu beſitzen, aber auch welch'
ein Jubel und welche Wonne für alle die Mitſeligen,
einander dort zu ſehen, ſich der gegenſeitigen Ge=
meinſchaft zu erfreuen, und in wechſelſeitiger Liebe
dieſe Wonnen miteinander zu theilen! —

Was die Vorzüge des Geiſtes betrifft, ſo ſage
ich: Wenn jede Seele im Stande der heiligmachen=
den Gnade, als Ebenbild Gottes, ſchon herrlicher
und ſchöner vor den Augen Gottes und aller Heiligen
iſt, als die ganze ſichtbare Welt, wie unbeſchreiblich
ſchön muß dann erſt dieſe Schönheit der Seele durch
das Licht der Glorie werden, durch welches Gottes
Ebenbild in derſelben wunderklar erſtrahlt. — Und
dieſe Verherrlichung in der Verklärung iſt zugleich
Seligkeit! —

Ja, welch' ein Jubel für den Verſtand, der
nun in Gott Alles ſchaut, und Alles erkennt. —

Welch' unermeßlich großes Seelenvergnügen wäre
es, ſelbſt hinieden, bei unſerem beſchränkten Erkennt=
nißvermögen, für den Menſchengeiſt, alle Wiſſen=
ſchaften zu beſitzen, welche die Befähigung der Ge=
lehrten uns zugänglich gemacht: Philoſophie, Aſtro=
nomie, Phyſik, Medicin, Botanik, Mechanik und alle

übrigen Wissenschaften. Wenn dabei ein Mensch alle
Künste bemeisterte, und alle Sprachen spräche, die nun
gesprochen werden, und die je gesprochen wurden, und
so mit allen Menschen Umgang zu pflegen im Stande
wäre. — Wenn er dabei der größte Dichter und be-
gabteste Redner wäre, der genialste Musiker und Bel-
letrist, der alle Klassiker inne hätte, und dabei die
Geschichte der ganzen Menschheit wüßte; wäre ein
solcher Mensch nicht weit glücklicher als Salomon? —

Und doch! wie gering ist all diese irdische Erkenntniß gegen die unbeschränkte Erkenntniß der Seligen,
die in Gott dem Allwissenden Alles schauen, Alles
wissen, und das ohne Mühe und ohne Mangel! —

Welch' ein Jubel für das Gedächtniß, das
sich an Nichts erinnert, als was ihm Trost gewährt,
da jede Erinnerung in die Führungen der göttlichen
Vorsehung ausmündet, die Alles zu ihrem Heile
wendete. —

Welch' ein Jubel für den freien Willen,
der nun Eins ist mit dem heiligsten Willen Gottes,
ganz Liebe zu Gott, und der durch diese Liebe sich in
jener Vereinigung mit Gott selig fühlt, von der wir
bereits gesprochen haben. —

Ja wohl! kein Auge hat es geſehen, kein Ohr ge=
hört, kein Menſchenherz geahnt, welche Verherrlichung
und Freude die iſt, mit der Gott ſeine treuen Kinder
in den ewigen Freuden beſeliget, und wie groß der Zu=
wachs dieſer Freude für jeden iſt, durch die wechſelſeitige
Mittheilung in der Gemeinſchaft der Heiligen. —

Wie prachtvoll erleuchtet ſchon e i n e Sonne die
Welt. Wie groß wäre aber erſt das Licht, wenn auf
einmal z e h n Sonnen am Himmel erſchienen, und wie
erſt wenn das ganze S t e r n e n=Firmament ein Fir=
mament von S o n n e n wäre? — Herrlicher Him=
mel! in Dir leuchten Myriaden von verklärten Son=
nen, die durch die Vorzüge ihres Leibes, und ihrer
Seele, Licht und Seligkeit ausſtrahlen. —

Was Beſiß und Reichthum, Macht und Herrſchaft
betrifft, ſo darf jede Seele ausrufen: „Der Himmel
iſt mein — Alles iſt mein!“ Dort regieren und herr=
ſchen Alle mit Chriſtus, nach der Verſicherung der
heiligen Schrift: „Du haſt uns zu einem Reiche
gemacht, und wir werden herrſchen mit Dir.“ —
Geſtürzt und machtlos liegen zu ihren Füßen die
feindlichen Gewalten, und die ganze Außenwelt iſt
ihnen unterthan. —.

Besonders freut sich jede Seele ihrer besonderen Brautgabe und Verherrlichung, die gerade jene ist, die sie sich vor allen Uebrigen wünscht, und durch welche sie Jesus in der Gemeinschaft der Heiligen ausgezeichnet.

Was die Schönheit der Außenwelt betrifft, so haben wir bereits, gestützt auf das Ansehen der heiligen Schrift, erwähnt, wie gegen die Pracht des Paradieses, selbst das Herrlichste in der Natur nicht verglichen werden kann. — Dasselbe bestätigen zahlreiche Offenbarungen der Heiligen. — Die heilige Dorothea schickte dem Heiden Theophilus durch einen Engel Blumen vom Himmel, worauf sich dieser sogleich zum heiligen Glauben bekehrte. — Auch der heilige Didakus rief in einer Entzückung aus: „O welch' herrliche Blumen hat das Paradies! o welch' herrliche Blumen hat das Paradies!" — Wahrlich, wenn schon der Anblick der Blumen auf Erden einen heiligen Ignatius und andere Heiligen zu so wundervollem Lobe Gottes begeistern konnte, was wird nicht erst der Anblick der Fluren des Paradieses zu thun im Stande sein? —

Doch, dies ist das Geringste. — Die Himmel

schließen zugleich eine Unzahl von Wundern göttlicher
Macht in sich, die im Stande sind auch die Engel=
welt durch die ganze Ewigkeit mit immer neuer Be=
wunderung, und immer neuem Staunen und Jubel
zu fesseln. —

Welch' eine erquickende und entzückende Freude
muß es somit nicht sein, wenn die Seligen nach sol=
chen Tröstungen und Wonnen der himmlischen Oster=
feier durch die unermeßlichen Räume des Him=
mels ziehen und alle die Wunder göttlicher Macht,
Weisheit und Güte, mit welchen der Herr diese Ge=
filde und Wohnungen ewiger Freude geziert, näher
betrachten, anstaunen und Gott dafür danken und
loben? —

Welche Reisen unternimmt man nicht auf Erden,
und das unter so vielen Beschwerden, Entsagungen,
und Gefahren, um nur auf einige Tage oder Stun=
den, irgend eine schöne Gegend zu schauen, oder von
der Eisspitze eines Gletschers in die prachtvolle Um=
gebung um sich zu blicken, oder eine große Kaiser=
stadt zu besuchen, und ihre Paläste und Bauten zu
bewundern? — Und dennoch, wie oft wird der Ge=
nuß dieser Reisen und Anblicke durch Hindernisse

aller Art erschwert, oder durch Krankheit und andere
Unglücksfälle verkümmert und gestört? — Nicht so
im Himmel! —

Ohne Beschwerde, und mit der Schnelligkeit des
Gedankens, durchziehen die Seligen die Räume pa=
radiesischer Schöpfung, stets durch neue Ausblicke
auf Scenen von unaussprechlicher Schönheit und
Herrlichkeit überrascht. Denn Gott ist nicht nur im
Stande, bei weitem mehr zu erschaffen, als je ein
Menschengeist zu ahnen und zu begreifen vermag;
sondern unendlich mehr, als alle Engel mit St. Mi=
chael selbst, je ahnen oder begreifen können. —

Wenn wir mit solchem Vergnügen an die Schön=
heit der Natur in so verschiedenen reizenden Gegen=
den der Erde blos denken, und wenn die Erinnerung
an die prachtvollen Gebäude großer Städte uns schon
entzückt, welch' ein Vergnügen wäre es erst, wenn
wir gerade nach Gefallen, ohne Mühe und Anstren=
gung, jetzt in Rom sein könnten, um den Dom
von St. Peter zu bewundern; und in dem nächsten
Augenblicke stänten wir auf der Spitze des Vesuv,
und blickten über Neapel und den reizenden Golf hin;
und sogleich in einem anderen Augenblick könnten

wir Paris, London, Petersburg, Konſtantinopel und
Pekin anſehen. — Ständen wir dann im folgenden
Augenblick auf der höchſten Spitze der Himelajas,
und blickten über Aſien hinaus, und könnten wir im
nächſten von den Höhen des Chimboraſſo Südamerika
vor uns liegen ſehen; würden wir uns von da aus
erheben, Merico, das ſchönſte Land dieſes Continen=
tes, zu betrachten, und könnten wir in demſelben
Augenblick ſeine Schönheiten mit denen der Schweiz
vergleichen, Auſtralien anblicken, und mit Gedanken=
ſchnelle von da aus uns zu Sonne und Mond er=
ſchwingen; von der Milchſtraße aus die unabſehba=
ren Räume des Firmamentes überblicken; — und
das Alles ganz o h n e M ü h e, o h n e G e f a h r,
und könnten wir dabei alle Hemmniſſe von Marmor
und Eiſen, wie im Wehen des Zephir, mit Leichtig=
keit durchdringen, — welch' ein Genuß nicht wahr!—

Im Himmel werden die Seligen auf ſolche Weiſe
die Räume der Seligkeit durchfliegen und nie ermü=
den, die Wunder der himmliſchen Schöpfung anzu=
ſtaunen. —

O ſchönes, freudenvolles Leben des Paradieſes!—
wann werde ich Dich einmal genießen! —

Was ſoll ich erſt von der Pracht, Schönheit und Größe der Wohnungen der Seligen ſagen, von wel= chen Jeſus ſpricht, und die als eben ſo viele Paläſte und Himmelsburgen in wundervollſter Ordnung und Zierde ſich um das himmliſche Jeruſalem reihen, und die Pracht der Himmel unermeßlich erhöhen? —

Welch' ein Jubel gewährt ihr Anblick der gerette= ten, und im Beſitze des Himmels ſich freuenden Seele!

XV.

Gesellschaftliche Freuden im Himmel.

O Paradies! — o Vaterland!
Gezieret von der Allmacht Hand:
Wer könnte wohl in Bildern,
Ganz Deine Wunder schildern? —
Wo sieggekrönt, unsterblich, licht,
Vor Gottes Thron und Angesicht
Die Seligen nun schweben
Versenkt in Gott, — das Leben. —

Nichts gewährt wohl hienieden auf Erden dem menschlichen Herzen mehr Trost und Freude, als der Umgang mit anderen ausgezeichneten Personen, die es mit besonderer Neigung liebt.

Die Vorzüge, die den Verkehr mit Anderen anziehend und interessant machen, sind: Schönheit, Bildung, Tugend, Gelehrsamkeit, eine ausgezeich=

nete Stellung in der Welt, Bande der Verwandt=
schaft, Freundschaft und Liebe. —

Die Befriedigung, die der Umgang mit Andern
uns hienieden gewährt, im Allgemeinen erwägend,
was müßte es doch für ein Vergnügen sein, könnte man
nach Gefallen mit allen Gelehrten, die je durch ihre
Wissenschaft die Welt in Staunen gesetzt, Umgang
pflegen. Nun mit Salomon und Plato; dann mit
Augustinus und Thomas von Aquin, und so mit
allen Philosophen, Theologen, Klassikern und Künst=
lern, mit allen Rednern und Dichtern alter und
neuester Zeit; vorausgesetzt, daß man selbst in allen
diesen Wissenschaften ihnen gleichgebildet wäre. —

Um so größer wäre die Befriedigung für unser
Herz, wenn wir auf ähnliche Weise nach Gefallen
mit allen denjenigen Umgang pflegen könnten, die
durch ihre Würde, Heiligkeit und Großthaten sich aus
der Menge der Menschen erhoben. Könnten wir z. B.
nun mit Adam und Eva, dann mit Abraham,
Moses, dem heiligen Joseph und Johannes Baptista;
und darauf wieder mit dem heiligen Petrus, Jo=
hannes, Paulus; und dann mit dem heiligen Ber=
nardus, Franziskus von Assisi, Ignatius, Xaverius,

der heiligen Theresia, und so mit jedem der Heiligen
uns besprechen. Wie groß wäre dieses Vergnügen?
— Doch hienieden ist es unmöglich. Der Himmel
wird es uns gewähren, im Umgang mit allen Engeln,
mit allen Heiligen und selbst mit Jesus und Maria.
— O schöner Himmel! wann werde ich diesen Trost
genießen, der in dem Maße mein Herz überströmen
wird, als die Eigenschaften der Verklärten. unver=
gleichbar herrlicher sind, als wir es auch nur zu
ahnen vermögen. —

Was erstlich die Engel betrifft, so ist keine Phan=
tasie im Stande, sich das vorzubilden, was die
geistige Schönheit eines Engels ist; der Adel seiner
Engelnatur, die Tiefe seiner Erkenntniß und Wissen=
schaft, das Makellose seiner Heiligkeit, die himmlische
Grazie seines Umganges, die Wonne seiner Seligkeit,
die Innigkeit seiner Liebe. — Was für ein Meer
himmlischer Freude muß somit nicht eine Seele
überfluthen, wenn wir dieselbe im Gespräch und
Umgang mit ihrem Schutzengel und mit allen den
übrigen heiligen Engeln im Himmel, betrachten.
Wenn es uns auf Erden so großen Trost gewährt,
mit einem frommen, heiligmäßigen, gelehrten und

liebevollen Menſchen zu reden und mit ihm umzu=
gehen: wie denn nicht einſt mit einem Engel? —
und deren gibt es im Himmel tauſendmal Tauſende
von Myriaden, von welchen Einer herrlicher als der
Andere. Welch' ein Jubel, die Mittheilung aller
dieſer Myriaden von Engeln in das Herz aufzuneh=
men! Mögen da nicht Tauſende von Jahren wie
wenige Stunden vorüberziehen? —

Daſſelbe, und ich möchte ſagen, noch mehr, gilt
von dem Umgang mit den Heiligen, da wir dieſelbe
Menſchennatur mit ihnen in der Verherrlichung
theilen, und ſie in Adam und Chriſtus unſere Brüder
und Schweſtern ſind. — Dort ſind ſie Alle in un=
ausſprechlicher Schönheit verklärt an Leib und Seele;
ſie ſind ganz erfüllt von der Wiſſenſchaft Gottes, ſind
ganz heilig und ganz Theilnahme, Liebe und Mit=
theilung für uns. —

Auf Erden ſchon gewährte der Umgang der Hei=
ligen mit anderen heiligen Seelen, ſo viel Troſt und
Wonne, daß ſie, wie die Legende bezeugt, darüber
alle anderen Bedürfniſſe des Leibes vergaßen; ja
wohl in Entzückung geriethen. — So traf man einſt
die heilige Thereſia und den heiligen Johannes vom

Kreuz im Sprachzimmer des Klosters, beide bewegungslos in Entzückung: Theresia auf der einen Seite des eisernen Sprachgitters, und Johannes auf der anderen Seite. — Der Trost, sich über göttliche Dinge zu unterreden, und ihre Erfahrungen im Umgange mit Gott im Gebete sich mitzutheilen, versenkte sie beide in Gott, durchströmt von den Anmuthungen ihrer Liebe zu Ihm. —

So unterredeten sich einst zum überschwenglichen Vergnügen ihrer Herzen, die heiligen Einsiedler Antonius und Paulus, so der heilige Benedikt und seine heilige Schwester Scholastika, und andere Heilige, Nahrung und Schlaf darüber vergessend. Und doch, wie beschränkt und oft unangenehm gestört, ist diese Mittheilung im Umgang und Gespräch auf Erden, durch Mangel an Zeit; durch die Unbehülflichkeit der Sprache; durch Zudringlichkeit Anderer; durch nothwendige Geschäfte; durch Ermattung, Krankheit und dergleichen! —

Nichts von all dem stört das Vergnügen der Mittheilung im Himmel. —

Welch' ein Genuß wird es dort sein, jede That, jede Anmuthung, ja das ganze Leben der Heiligen

in dieſem Umgang ſo zu ſchauen, ſo zu erkennen, wie
ſie es ſelbſt gelebt und erkannt haben. — Und welch'
ein beſonderer Troſt und Jubel wird da einſt unſerem
Herzen zu Theil, wenn es uns geſtattet iſt, im Him=
mel den Umgang und die Mittheilung ſolcher Seelen
zu genießen, die wir auf Erden gekannt, mit denen
wir an denſelben Orte und in demſelben Berufe ge=
lebt, gearbeitet, und die wir durch unſeren Umgang,
Zuſpruch, Beiſtand und unſere Bemühung gerettet
haben, und die uns dort im Himmel das Heil ihrer
ſeligen Ewigkeit danken! —

Gilt das von dem beſeligenden Umgang mit Ein=
zelnen im Himmel, ſo mindert ſich die Seligkeit ge=
wiß nicht, wenn ſich an dieſe Einzelnen ganze
Schaaren von Engeln und Heiligen reihen; gleichwie
es uns auf Erden beſonderen Troſt gewährt, mit
Mehreren zugleich die Annehmlichkeit und die Freude
der Geſellſchaft und wechſelſeitigen Mittheilung zu
genießen. — Das gilt beſonders dann, wenn ein
großes Familienfeſt gefeiert wird, wo Menſchen ſich
zuſammenfinden, die nach langer Trennung ſich
freudig wiederſehen, und im Austauſche ihrer Er=
fahrungen glücklich ſind. — Gerade dieſes iſt im

Himmel der Fall; doch in welch' unbegreiflich seliger Weise! —

Hiernieden ist überdieß die Mittheilung, besonders an Mehrere, durch die Gränzen des Raumes und der Zeit, so wie durch die Mangelhaftigkeit im Ausdrucke dessen, was man denkt und fühlt, ungemein beschränkt.

Nicht so im Himmel, wo der Austausch der Gedanken nicht bloß durch das Wort, sondern durch den Gedanken selbst geschieht, und wo das Wort ohne Hinderniß überall hindringt nach dem Wohlgefallen und Wunsch der Seligen, und wo keine Müdigkeit, keine zeitliche Sorge, kein Bedürfniß, kein Zeitgedränge und kein Schlaf die Seligkeit der Mittheilung der Seligen stört. Wie mögen wohl da Jahrtausende wie Minuten schwinden!

13

XVI.

Die himmlische Musik.

Ströme von Tönen die Himmel durchdringen,
Zahllose Stimmen harmonisch sich schwingen;
Es lauscht das Ohr
Dem Jubelchor!
Nie war es auf Erden gestattet zu preisen
Den Höchsten mit ähnlichen seligen Weisen;
Dort haucht Musik,
Der Tugend Glück! —

Worte sind nicht das einzige Mittel, unsere Gedanken und Gefühle mitzutheilen; es gibt noch ein anderes Mittel, das nicht minder das Herz erquickt und begeistert, und das ist die Mittheilung durch die Macht und den Zauber der Töne, besonders wenn Gesang allein, oder von Instrumenten begleitet, den Anmuthungen unseres Herzens

194

Ausdruck gibt. Das gilt auch im Himmel und in
noch überschwenglich höherem Maße.

Selbst der Wilde fühlt diesen Eindruck; und
welche Macht der Begeisterung Gesang und Musik,
besonders in religiöser Beziehung, hervorrufen, das
weiß Jeder aus eigener Erfahrung, der Gelegenheit
gehabt, die Macht des Gesanges und eines effekt=
vollen Orchesters bei gottesdienstlicher Feier zu wür=
digen. — Doch wie beschränkt ist der Eindruck der
Tonwelt hienieden!

Mancher hätte Talent für Musik; allein es fehlt
ihm das Stimmorgan, oder er kann das Instrument,
das er spielt, nicht gehörig bemeistern; oder er bedarf
der Mitwirkung Anderer, und die stehen ihm nicht
zu Gebote. — Wo wäre überhaupt ein Kompositeur,
der im Stande wäre, alle Instrumente selbst zu spie=
len, um den Gedanken den Ausdruck zu geben, den
er selbst in sich fühlt? — Ich glaube nicht, daß
Mozart, Haydn, Beethoven und alle die großen
weltberühmten Meister, das, was sie geschrieben ha=
ben, je so hörten, wie sie es sich gedacht. —

Hätten diese Meister der Tonwelt auch den unbe=
schränkten Einfluß auf alle Instrumente und Stim=

men gehabt, wie ihre Phantaſie es verlangte; was
wäre das für ein Genuß für ſie ſelbſt und für An=
dere geweſen, eine ſolche Aufführung ihrer Kompo=
ſitionen anzuhören! —

Und nun denke man ſich noch, wenn dieſe Meiſter
der Muſik zur ſelben Zeit und an demſelben Platze
gelebt, und jeder in das Tonſtück die hervorragenden
Eigenſchaften ſeines Genies gelegt, und auf ſolche
Weiſe die Compoſition vervollkommnet hätte, welch'
eine Muſik hätte dann das menſchliche Ohr ergötzt,
und das Herz der Zuhörer erfreut? —

Dort im Himmel übt, ſo denke ich mir, jeder
Selige dieſen unumſchränkten Einfluß auf das
Reich der Töne aus. Es iſt jene Freude im Him=
mel, von der die heilige Schrift ſelbſt Erwähnung
thut, und das an mehreren Stellen. So ſchreibt
der heilige Johannes in der geheimen Offenbarung,
daß er die vier und zwanzig Aelteſten mit goldenen
Harfen im Himmel vor Gottes Thron erblickt.
Und wieder hörte er den Hochgeſang Unzähli=
ger, die mit Begleitung ihrer goldenen Harfen ein
neues Lied im Himmel ſangen. Er hörte, wie
ſie dann Alle zugleich den Lobgeſang Moſis an=

ſtimmten. * — Die Natur der Muſik ſelbſt erklärt
den unwiderſtehlichen Eindruck derſelben auf unſer
Herz, und weiſet auf dieſe Freude im Himmel hin. —
Denn was iſt Muſik? — Harmonie. Was iſt
Harmonie? — Wahrheit. Gott iſt die Wahrheit. —

Wie geeignet iſt demnach nicht eben die Muſik,
Gott zu verherrlichen, und um das Herz, das für die
Wahrheit erſchaffen iſt, und nur in ihr Ruhe findet,
zu erquicken und zu erfreuen! Darum nennt der
heilige Auguſtin in ſeiner Schrift über die Muſik,
den Sinn für dieſelbe, in dieſer höheren Bedeutung
genommen, ein Anzeichen der Auserwählung. Und
eben in dieſem Sinne iſt auch das Wort der heiligen
Schrift zu verſtehen, wenn ſie ſagt: „Gott hat die
Himmel in Harmonie eingewiegt." †

Muſik iſt Wahrheit im Einklang des Tones mit
dem Gedanken. Dieſer Charakter der Muſik, wenig=
ſtens ſolcher, die dieſen Namen wirklich verdient, er=
klärt die begeiſternde und jubelvolle Einwirkung der
Töne auf das menſchliche Herz.

Ganz beſonders beſitzt die Melodie der menſchlichen

---

* Apok., 14, 15.　　† Joh., 38.

Stimme diese, das Herz himmelwärts erhebende
Kraft zum Lobe Gottes. — Mehr als einmal hör
ten Heilige, wie wir im Leben derselben lesen, Engel-
gesang und himmlische Musikchöre. Vom heiligen
Franziskus Seraphikus schreibt der heilige Bonaventura, daß er einst einen Engel ein Instrument
spielen gehört, und darüber in solche Entzückung der
Freude gerieth, daß er meinte, bereits im Himmel zu
sein. — Aehnliches lesen wir im Leben des seligen
Heinrich Suso. —

Warum sollten wir uns nicht denken dürfen, daß
nicht nur die Engel, sondern überhaupt auch alle
Heiligen, diesen Einfluß auf das Reich der Töne aus-
üben, um ihrem Worte und Gefühle zum Dank und
Lobe Gottes, einem um so mächtigeren und begei-
sternderen Ausdruck zu geben? —

Und wenn ich mir da wieder vorstelle, wie verschiedentlich dieß geschehen kann, so daß bald einzelne Stimmen im Jubelgesang ertönen, und Chöre
von anderen Stimmen dieselbe begleiten, oder wieder,
daß mehrere Stimmen oder alle zugleich sich vereinigen, und bald bloß durch Gesang, oder wieder vereiniget mit Begleitung von Musik ihren Gedanken

und Gefühlen Ausdruck geben: welche Innigkeit,
Abwechslung, Herrlichkeit und Fülle der Harmonie
kann sich da selbst die menschliche Phantasie auf
Erden denken, die im Himmel wirklich die Seligen
erquickt, und das noch in überschwenglicherem
Maße! —

Bedenken wir nur die unzählbare Menge der
Seligen, die auf solche Weise befähiget, in den Chören
des Himmels sich vereinigen; und wer vermag es zu
ahnen, welch' wundervolle Instrumente es im Him=
mel gebe; oder besser gesagt, welch, einen Einfluß
dort die Seligen durch ihren bloßen Willen auf die
Tonwelt übe. — Wenn bereits hier auf Erden durch
die Abwechslung so weniger Töne, und das bei so
beschränkten Talenten und Instrumenten, dennoch
eine solche Menge von Compositionen unser Ohr
und Herz erfreut; was wird uns wohl erst der Himmel von dieser Tonwelt offenbaren? — Wie stau=
nenswerth ist nicht die Elastizität der Luft, die diesen
Erdball umgibt, und die durch solch' wundervolle
Schwingungen diesen Zauber der Töne erzeugt? —
Wie mag dann nicht erst jener wundervolle Aether
beschaffen sein, der die himmlischen Räume durch=

fließt, und welche Lieblichkeit und Kraft der Töne in
demſelben woge? —

„Ach!" ſeufzte der heilige Auguſtin, „könnte ich
ſterben und bald hören die Chöre der Seligen und
jene Muſik, von der der heilige Johannes in der
geheimen Offenbarung ſpricht." —

Dieſe Himmelschöre beſingen das Lob des Herrn;
aber auch die, im Dienſte des Herrn vollbrachten
Großthaten der Engel und Menſchen.

Die Kirche ſelbſt ſpricht am Feſte des heiligen
Martin von Lobgeſängen, welche die Engel und
Heiligen bei dem Eintritt dieſes Heiligen in den
Himmel angeſtimmt. Ebenſo leſen wir bei Eccle=
ſiaſtikus, daß denjenigen die überwunden und heilig
geworden, ewiges Lob dafür in der Gemeinſchaft der
Heiligen bereitet ſei. *

Ueberdieß liegt ungemein viel an dem Gefühle
desjenigen, der ein Inſtrument ſpielt. Im Himmel
ſind es Engel und Heilige, die das ganze Gefühl
ihrer Bewunderung Gottes, ihrer Dankbarkeit und
Liebe gegen Ihn in die Macht der Töne legen.

* Eccl., 31.

Wie groß muß demnach nicht der Eindruck dieſer
Himmelsfreude auf die Herzen der Seligen ſein!
Nach jedem dieſer harmoniſchen Chöre durchrollen
die Donner des himmliſchen Alleluja die Höhen des
Himmels, und geben Gott die Ehre, rufend: „Amen,
Alleluja! Lob und Herrlichkeit, Dank, Ehre, Macht
und Seligkeit ſei Gott dem Dreieinigen von Ewig=
keit zu Ewigkeit, durch Jeſum Chriſtum unſeren
Herrn. Amen.“

Doch auch die Grazie der Bewegung, vereiniget
mit dem Sinn der Muſik, iſt wahre Schönheit, iſt
Zierde und Harmonie, und hat ſomit auch ihren
Abglanz im Himmel, durch zalloſe Entwickelungen
des Schönen und Wahren in dieſer Beziehung.
Wie? — Das wird und kann uns einſt nur der
Himmel ſelbſt ſagen. — Offenbarungen und Viſio=
nen, wie die des ſeligen Heinrich Suſo und Anderer,
weiſen auch auf dieſe Freude im Himmel. —

XVII.

Die Himmelsprozession und das himmlische Chorgebet.

Der Glockenruf von Neuem schallt,
Und durch die Fluren singend wallt
Die Schaar der Gotteskinder,
Der Hölle Ueberwinder.
In wunderbarer Himmelspracht,
Die selbst die Engel staunen macht,
Sie hin zur Stätte ziehen,
Wo neue Freuden blühen. —

Die Himmelsprozession.

Was verstehe ich wohl unter dieser Himmelsprozession? — Ich denke mir, die unermeßlichen Schaaren der Seligen ordnen sich, sowie das Zeichen dazu mit den Himmelsglocken ertönt, in große Himmelsprozessionen, von welchen auch die heilige

Thereſia in ihren Viſionen vom Himmel Erwähnung
thut, bei denen ſie Selige aus der Geſellſchaft Jeſu
weiße Fahnen tragen ſah, und die, wie ſie ſagt, noch
andere große Dinge im Himmel thaten.

Daß Prozeſſionen in beſonderer Weiſe das Herz er=
heben, und mit eigener jubilirender Freude durch=
dringen, weiß Jeder, der dieſelben mitgemacht; be=
ſonders wenn ſelbe bei wonniger, balſamiſcher, heiterer
Frühlingsluft, durch üppige Fluren, nach einer auf
einer lieblichen Anhöhe gelegenen Wallfahrts=Kirche,
hinziehen. Wie begeiſtert durchdringen da die Ge=
bete und Geſänge der Gläubigen die Lüfte, während
die Fahnen, geſchmückt mit den Bildniſſen der Heiligen,
majeſtätiſch über den Reihen der frommen Pilger
wehen, und Gebet mit harmoniſchen Muſikchören ab=
wechſelnd, die Andacht der Herzen erheben und him=
melan ziehen. —

Wer aus uns hat nicht die das Herz mit Troſt
erfüllende Weihe der Frohnleichnamsprozeſſion erfah=
ren? — Wie jubelvoll muß nicht erſt jene Himmels=
Prozeſſion ſein, die Jeſus und Maria, umfloſſen von
dem Glanz ihrer Glorie im Himmel, ſelbſt begleiten?—

Ich ſah zu wiederholten Malen in Wien die große

Frohnleichnamsprozeſſion, die an Erhabenheit und
Glanz kaum von irgend einer kirchlichen Prozeſſion
übertroffen wird, es ſei denn im Dom von St. Pe=
ter in Rom. — Ich werde nie den Eindruck vergeſſen,
den dieſelbe auf mich gemacht, als ich einſt an das
Rieſenthor des Domes, im Innern der Kathedrale
gelehnt, alle die Fahnen der Kaiſerſtadt, den Clerus
und alle die Würdenträger des Kaiſerreiches, vor mir
vorüberziehen ſah, bis endlich das allerheiligſte Sa=
krament ſelbſt durch die himmelanſchwebenden Säu=
len der gothiſchen Baſilika getragen ward, dem der
Kaiſer und die Kaiſerin folgten. —

„Heilig, heilig, heilig!“ — ſo tönte es aus tau=
ſenden von Herzen durch die hochgewölbten Räume
und Alles ſank auf die Kniee, und betete an. Dann,
wenn je, fühlt ſich das Herz unwiderſtehlich angeregt
zum Lobe Gottes, zum Gebete im Geiſte und in der
Wahrheit. —

So, denke ich mir, zieht im Himmel die Prozeſſion
der Heiligen durch die Straßen des himmliſchen Je=
ruſalem, und hinaus durch die Fluren des Paradie=
ſes in unabſehbaren Reihen. Der Glanz derſelben
überſtrahlt die Schönheit der himmliſchen Auen und

Paläſte mit neuen Reizen von Anmuth und Herrlich=
keit. Die Heiligen ſingen Dank= und Jubellieder
zum Preiſe Gottes, der ihnen den Sieg und Triumph
über alle Feinde des Heiles verlieh, und Engelchöre
begleiten dieſe Hymnen. —

Die unſchuldigen Kinder wallen in den vorderſten
Reihen der Prozeſſion, die, je länger ſie ſich entfaltet,
an Majeſtät, Pracht und Anmuth wächſt. —

Da ziehen mit ihren wundervoll geſchmückten Ban=
nern die verſchiedenen Chöre der Heiligen, nach ihrer
Rangordnung, in geſchloſſenen Reihen daher: der
Chor der Jungfrauen, der Wittwen, der Bekenner,
alle die Seligen aus den verſchiedenen Ordensſtän=
den mit ihren Stiftern, die ſeligen Prieſter, die Bi=
ſchöfe und Päpſte, die Patriarchen und Propheten,
endlich die Apoſtel, die heilige Anna, der heilige Joa=
chim, der heilige Johannes der Täufer, der heilige
Joſeph und endlich Jeſus und Maria, in unaus=
ſprechlich glorreicher Herrlichkeit und Majeſtät. —

Ihnen folgen die neuen Chöre der Engel nach ih=
rer Ordnung, herrlicher und glorreicher, bis an die
ſieben Fürſten des Himmels, mit St. Michael an
ihrer Spitze. —

Bei jener Frohnleichnamsprozeſſion in Wien folgten dem Kaiſerpaar die drei mit Gold und Juwelen
geſchmückten Hofgarden. — Im Himmel ſind die
Engel die Hofgarden Jeſu und Mariä.

Der Chor.

Ein ſtrahlendes Kreuz bezeichnet den Platz, an den
die Prozeſſion ſich hinbewegt, und wo die Seligen ſich
zum gemeinſchaftlichen Gebete verſammeln. — Der
Himmelschor beginnt. —

Wer immer einem Chorgebet in einer Abtei beige-
wohnt, der hat auch den erhebenden und troſtvollen
Eindruck dieſer Art des göttlichen Dienſtes in ſich
aufgenommen.

Der heilige Ignatius fand es zwar für beſſer, daß
in ſeinem Orden Jeder die kirchlichen Tagzeiten für
ſich bete, um die Zeit mit mehr Muße zur Ausübung
der Werke thätiger Nächſtenliebe zu verwenden; allein
er fühlte doch ſein Herz jedesmal mit himmliſchem
Troſt erfüllt, wenn er den Pſalmengeſang zur Veſper in den Kirchen vernahm. Da ſtand er oft in
ſeinem Alter an eine Wand gelehnt, und wie ange-

feffelt, weil verfenkt in den Troft, den folch' ein Chorgefang, von Ferne gehört, feinem betrachtenden Herzen gewährte. —

Warum follte diefer Troft nicht auch die Seligen
im Himmel erfreuen? — Und zwar Alle; denn dort
find fie nicht mehr mit den Werken der thätigen Näch-
ftenliebe zur Rettung der Seelen befchäftiget. —

In Egypten gab es in den erften Jahrhunderten
der chriftlichen Zeitrechnung ganze Städte von
Klöftern, wo Tag und Nacht diefes Chorgebet und
diefer Chorgefang ertönte. — Der Eindruck war ein
überaus erbauender. — Wie muß nicht erft das vereinigte Gebet aller Chöre der Engel und Heiligen
im Himmel die Andacht des Herzens erhöhen! —

Wir lefen im Leben des heiligen Felix von Valois,
daß Gott es er fo fügte, daß, als feine Ordensbrüder einft das Zeichen zur Mette in der Nacht unter-
ließen und verfchliefen, Felix allein wachte und den
Chor betrat. Da fah er anftatt der Ordensbrüder,
Engel im Ordenskleide, und an ihrer Spitze Maria felbft im Ordenskleid, mit der die Engel die
kirchlichen Tagzeiten fangen. Sogleich ftimmte Felix
in diefes himmlifche Chorgebet auf Erden ein; und

gewiß, welch' unausſprechlicher Troſt war es für ihn,
ſich mit Maria und den Engeln im Chorgebet zum
Lobe Gottes auf Erden zu vereinigen! Doch, was
war jener Chor, gegen den des Himmels, wo Jeſus
ſelbſt mit Maria, umgeben von allen Chören der
Engel und Heiligen und mit dieſen vereiniget, das
Lob Gottes in gemeinſchaftlichem Gebete anſtim-
men! —

XVIII.

Herzensergießungen des Dankes im Himmel.

Die Freude hoch die Herzen schwellt;
Sie dränget Gott zu loben;
Auch diese Tröstung dort nicht fehlt
Im Paradiese oben.
Der Chor nach seinem Amen schweigt,
Und das Gebet zum Throne steigt;
Hört wie im ewigen Leben
Sie Gott die Ehre geben! —

Das Chorgebet des Himmels ist beendigt, und die Predigt im Himmel beginnt.

Wie? — Sollte auch dieser Trost, und diese Freude gottesdienstlicher Feier im Himmel gefunden werden? — Und warum nicht? — In einem Sinne nämlich, über den ich mich sogleich deutlicher erklären will. —

14

Nicht als ob die Seligen einer Anſprache im Him=
mel bedürften, um in göttlichen Dingen unterrichtet,
und zum Dienſte Gottes ermuntert zu werden; —
was war, das iſt vorüber; — ſie Alle ſind belehrt
vom Herren; ſind völlig Sein; — ſind völlig rein
und heilig, und bedürfen ſolch' eines Zuſpruches nicht
mehr. —

Warum rede ich alſo dennoch davon, und weiſe
auf eine Art Himmelspredigt hin? — Darum, fromme
Seele! und in dem Sinne, weil es ein wahrer Troſt
in Gott, und wahre Freude für das Menſchenherz
iſt, ſeinen Dank, ſeine Bewunderung, Huldigung und
Liebe zu Gott vor anderen Geſchöpfen auszuſprechen,
dieſe Stimmung anderen mitzutheilen; und in ſo
weit es Troſt und Freude für Andere iſt, dieſen Er=
guß des Herzens zu vernehmen, und in das eigene
aufzunehmen. — Wenn es wahr iſt, daß dadurch
wirkliche Freude dem menſchlichen Herzen auf Erden
geſpendet wird, und zwar Freude in Gott, dann ſage
ich, meinem leitenden Grundſatze folgend, auch dieſe
Art Freude muß ihren Abglanz im Reiche der ewigen
Freude haben. — Jenes Mittel, durch welches der
Welt das Heil widerfahren, — das gepredigte Wort,

kann nicht für ewig in seiner trostvollen Wirkung und Weihe verschwinden. —

Ich habe jedoch, bevor ich meine Gedanken darüber, dir, gottliebende Seele! mittheile, deutlicher nachzuweisen, daß der Herzenserguß durch die Ansprache an Andere über göttliche Dinge, wirklich den Redenden und Hörenden zugleich, mit Trost und Freude in Gott erfülle.

Was erstlich den Redenden betrifft, so fühlt jedes Gott liebende, und gegen Gott in Dank erglühende Herz den Drang, den David fühlte, da er in den Psalmen allen Menschenkindern zuruft: „Kommet und höret; ich will euch erzählen, welch' große Dinge der Herr an mir gethan — und dafür soll Ihm einst jeder Heilige danken."*

Ob es ein Trost ist, so das Herz im Lobe Gottes zu seiner größeren Verherrlichung vor Anderen zu ergießen, da frage ich überhaupt das Leben der Heiligen. —

Franziskus Regis pflegte oft zu sagen: „Ich habe nur eine Leidenschaft, und das ist die, von göttlichen

* Pf., 65, 16—31.

Dingen zu reden — Gottes Wort zu verkündigen.″
— Vom heiligen Michael de Sanctis, den Pius IX.
der Zahl der Heiligen beigezählt, leſen wir, daß er
ſich ein Kreuz mit Nägeln beſetzt um den Rücken hing,
deren Spitzen einwärts ſtanden, und deſſen er ſich
bediente, wenn er die Kanzel beſtieg, um zu predigen.
An dieſes Kreuz drückte er ſich, um durch den Schmerz,
den er dann empfand, zu verhindern, daß die über=
wallende Wonne, die er, von göttlichen Dingen re=
dend, fühlte, ihn nicht vor dem Volke in Entzückung
reiße.   Michael de Sanctis war nicht der Einzige
aus den Heiligen, der die Süßigkeit dieſes Troſtes
fühlte. — Wir leſen in der Legende von Mehreren
derſelben, daß ſie bei Verkündigung des göttlichen
Wortes wirklich in Entzückung geriethen, und vor
dem Angeſichte des Volkes in die Luft erhoben wur=
den.   Doch nicht nur für jene Heiligen, die wir auf
den Altären der Kirche erblicken, war es ein Troſt,
Gottes Werke Anderen zu verkündigen und ſie zu
Seinem Dienſte und Seiner Verherrlichung zu ermun=
tern; ſondern jeder Prediger der mit Gott im inner=
lichen Wandel vereiniget, Gottes Wort verkündiget,
fühlt dieſen ganz eigenthümlichen Troſt, dieſe Erwei=

terung des Herzens. — Die Weihe des göttlichen
Wortes salbt seinen Geist mit dem Oel übernatür=
licher Freude. —

Ja, jede gottliebende Seele überhaupt fühlt Trost
und Erquickung des Geistes, wenn es ihr gestattet
ist, ihr Herz vor Anderen im Lobe Gottes auszugie=
ßen, und ihre Erkenntniß göttlicher Dinge Anderen
mitzutheilen. —

Von diesem Drange überwältiget, lief einst die
heilige Magdalena von Pazzis in den Thurm, und
läutete die Glocke, um alle Menschenkinder einzula=
den, mit ihr Gott zu preisen, Ihn zu loben und zu
lieben. —

Sie war nicht die Erste und Einzige, die diesen
Drang fühlte. Jahrtausende vor ihr ladet bereits der
Psalmist alle Engel und Menschen ein mit ihm Gott
zu loben, zu preisen und Ihm zu danken. — Ja, Er
ladet dazu auch alle übrigen Geschöpfe, Himmel und
Erde und alle Elemente ein, das Lob des Herrn an=
zustimmen. —

Wie David gefühlt, so fühlten vor und nach ihm
alle wahren Diener Gottes, wie die heilige Schrift
auch ausdrücklich bezeugt. —

„Höret ihr Himmel, was ich rede, und höre, Erde
die Worte meines Mundes!" — ſo beginnt Moſes
ſeinen Lob= und Abſchiedsgeſang. „Es traufe zu=
ſammen wie Regen meine Lehre, es fließe wie Thau
meine Rede; denn des Herrn Namen will ich anru=
fen. Gebt die Ehre unſerem Gott; denn vollkom=
men ſind Seine Werke, und gerecht Seine Wege."*

„Ihr aber preiſet Gott, und erzählet alle Seine
Werke!" — ſo ermunterte auch der Erzengel Ra=
phael den alten Tobias und deſſen Sohn: „Erzäh=
let Seine Wunder; denn die Werke Gottes offenbaren
und loben bringt Ehre. — "

Und das Herz beider war auch dazu gedrängt und
bereitet. „Lobet den Herrn, ihr Kinder Israels!"—
ſo rief Tobias aus, — und ſchauet an was Er an
uns gethan. Lobet den Herrn alle Seine Auserwähl=
ten, haltet fröhliche Tage, und danket Ihm!" —
Und hinauf blickend in die ewigen Fernen, tröſtet ſich
ſein Herz in der Erinnerung an das Lob der Heiligen
im himmliſchen Jeruſalem. „Selig," ſagt er —
„ſelig, die Dich lieben und ſich erfreuen Deines Frie=

* Deut., 32.

bens. Selig, die die Herrlichkeit Jerusalems schauen
— auf ihren Straßen wird das Alleluja gesungen
werden. Gebenedeit sei der Herr, Der sie erhöhet hat,
und Seine Herrschaft sei über sie von Ewigkeit!" *

Wie gewaltig drängte nicht dieses Verlangen, die
Großthaten Gottes zu verkündigen, und dadurch alle
Gerechten zum Lobe Gottes zu begeistern, das Herz
der heldenmüthigen Judith nach ihrem Siege. —

„Thuet auf — thuet auf die Thore!" — rief sie
den Wächtern auf den Mauern entgegen, — „denn
Gott ist mit uns, der Seine Kraft an Israel gezeigt
hat." Und es liefen Alle zu ihr zusammen, vom
Kleinsten bis zum Größten, und zündeten Lichter an
um sie herum. Sie aber trat auf einen höheren
Ort, und da Alle schwiegen und auf sie blickten, da
erhob Judith ihre Stimme und sprach, das blutende
Haupt des Holofernes in ihrer Hand: „Lobet den
Herrn unseren Gott, der nicht verlassen hat, die, auf
Ihn hoffen! Er hat an mir, Seiner Magd, Seine
Barmherzigkeit vollbracht, die Er verheißen hat dem
Hause Israel, und hat den Feind Seines Volkes

* Tob., 12—13.

getödtet durch meine Hand. — Siehe das Haupt
des Holofernes, den der Herr geſchlagen hat durch
die Hand eines Weibes.   So wahr der Herr lebt,
hat mich Sein Engel begleitet, als ich hin ging, dort
verweilte und zurückkehrte.   Und der Herr ließ es
nicht zu, daß ich, Seine Magd, befleckt wurde, ſon=
dern Er hat mich makellos zurückgeführt, auf daß
ich mich erfreue Seines Sieges, meiner Befreiung
und mein Errettung. — Lobet Ihn Alle, denn Er
iſt gut, und Seine Barmherzigkeit währet ewig!" —

Und das ganze Volk rief: „Alſo ſei es —¹ alſo
ſei es."   Da ſtimmte Judith ein Loblied an, und
ſprach: „Fanget an mit Pauken für den Herrn,
ſpielet dem Herrn mit Cymbeln, uud ſinget Ihm ein
neues Lied; erhebet und rufet Ihn an. — Der
Herr hat jeden Kampf beendiget.   Herr iſt ſein
Name.   Adonai, Du biſt groß in Deiner Kraft;
Dir diene die ganze Schöpfung, und die Dich fürch=
ten, werden groß bei Dir ſein, in Allem." *

Das ganze Volk ſtimmte ein in dieſen Jubelge=
ſang, pries Judith, nnd gab Gott die Ehre und war

* Jud., 13, 16.

fröhlich vor dem Angeſichte des Heiligthums. Ge=
wiß war es für das Herz der Siegerin troſtreicher
auf jene Höhe hinzutreten, und dem ganzen Volke
die Großthat zu verkündigen, die der Herr durch ſie
gethan, und mit dem ganzen Volke vereiniget, Sein
Lob zu ſingen, als hätte ſie nur in ihrer einſamen
Kammer dies allein für ſich gethan. —

So eilt jede gerettete Seele, als Siegerin, wie
eine Judith, den Thoren des himmliſchen Jeruſalems
entgegen, und ruft allen Bewohnern des Himmels
zu: „Thuet auf die Thore; denn Gott iſt mit uns,
Der durch mich den Feind des Heiles, den Holofer=
nes, der Hölle, überwunden, deſſen Haupt ich durch
Seine Kraft zertreten habe!" — Welch' ein Troſt
und welch' ein Jubel, wenn ſie auf die Höhe ihres
Thrones im Himmel geſtellt, dieſen Sieg allen Be=
wohnern des himmliſchen Jeruſalems zugleich ver=
kündigen, und ſie auffordern kann, mit ihr dafür
Gott die Ehre zu geben, und ein neues Lied des
Dankes dem Herrn zu ſingen.

Da umgeben ſie nicht nur die Bewohner e i n e r
Stadt, ſondern die unabſehbaren Schaaren aller
Engel und aller Geretteten aus allen Völkern, Ge=

ſchlechtern und Nationen. — Da ſind es nicht nur
einzelne Lichter, die ſie umkränzen; ſondern das
Licht der Glorie umſtrahlt ſie, durchfließt die Him=
melsräume und jeder Engel und Heilige ſelbſt leuchtet
ſiebenmal glänzender als die Sonne. — Da gilt
der Sieg nicht nur für einige Jahre, ſondern für die
endloſe Ewigkeit. Er gilt nicht nur die Befreiung
einer Stadt von zeitlichem Untergange, ſondern die
Rettung einer unſterblichen Seele von ewigem Ver=
derben, und den endloſen Beſitz des Reiches der
Himmel. —

Dieſer Triumph und dieſe Anſprache Judiths an
das Volk, gibt uns zugleich den Gegenſtand der
Jubelpredigt des Himmels an. — Das Thema
derſelben iſt kein anderes, als die größere Verherr=
lichung Gottes, die Anbetung, das Lob, die Bewun=
derung Seiner unendlich vollkommenen Eigenſchaften,
Seiner Weisheit, Macht, Güte, Barmherzigkeit,
Wahrhaftigkeit, Treue und was es ſonſt für Bezie=
hungen der unendlichen Vollkommenheit Gottes zum
Daſein, zur Rettung und Beſeligung Seiner treuen
Geſchöpfe gibt. —

Dieſe aus den Erfahrungen des eigenen Lebens

nachzuweiſen, beſonders in Hinſicht auf den Beiſtand
und Schutz Gottes im Kampf gegen die Feinde
unſeres Heiles im Leben, und was die Seele in
ihrer Vereinigung mit Gott im Himmel erfährt, das
iſt der Gegenſtand ihres Herzenserguſſes. —

Keiner meiner Leſer wird mich ſo verſtehen, als ob
ich mir dort im Himmel einen Vortrag in rhetoriſch
geordneter Entwickelung vorſtelle. Nein! ſondern
wie damals bei Judith, iſt es ein Herzenserguß in
Jubel und Lobpreiſung der Kraftwirkungen Gottes,
des Triumphes Seiner Gnade. Es iſt die Ver=
herrlichung Seiner unendlichen Vollkommenheiten,
nachgewieſen und bekräftiget durch die Erinnerungen
an die Führungen Seiner göttlichen Vorſehung im
eigenen Leben.

Durch ſolchen Erguß des Herzens, befriediget die
Seele den Drang ihres Herzens, Gott vor allen
Seinen treuen Geſchöpfen die Ehre zu geben, und,
ſoviel an ihr iſt, dieſelben zu ermuntern, Gott mit
ihr die möglichſt größte Ehre zu geben und Seiner
Erbarmung und Freigebigkeit den würdigen Dank
darzubringen. —

Wenn es aber für jede gottliebende und Ihm

dankende Seele überschwenglicher Trost ist, auf solche
Weise vor Anderen Gott den Tribut der Huldigung
ihres Herzens darzubringen, so ist es gewiß auch
andererseits ein wahrer, großer und eigenthümlicher
Trost für Andere, die Gott gleichfalls erkennen und
lieben, eine solche dankbegeisterte Seele in diesen ihren
Mittheilungen zu hören. —

Wie groß war nicht der Jubel, in welchen Ozias,
Achior und alle die Bewohner von Bethulia aus-
brachen, als Judith ihre Ansprache an sie richtete!

Ja wohl, die Mittheilung der Erkenntniß göttlicher
Dinge sie erquickt und erfreut das Herz!

„Ich wünschte, ich hätte den heiligen Paulus predigen gehört!" Das war der zweite aus den drei
heißesten Wünschen des heiligen Augustin auf
Erden. — Heiliger Augustin! das Gleiche wünscht
gewiß auch Jeder aus uns. — Ja, ich wollte, ich
hätte den heiligen Paulus, den heiligen Vincentius
Ferreri, den heilige Franziskus Xaverius predigen
gehört! — Selbst Ungläubige und ganz verhärtete
Sünder werden oft von den Glühworten gottbegei-
sterter Prediger ergriffen und stundenlang ge-
fesselt; selbst wenn sie einen solchen Prediger in

einer fremden Sprache predigen hören. — Der
Ausdruck der Wahrheit, der Ueberzeugung, der
Theilnahme, der aus den Zügen der Haltung
und Bewegung des Predigers hervorleuchtet, fef=
felt fie.

Was müßte es erst für ein Genuß und Jubel des
Herzens fein, mehrere gotterleuchtete heilige Seelen
fich nacheinander erheben, und mit dem Feuereifer
ihrer Erkenntniß und Liebe zu Gott, von göttlichen
Dingen reden zu hören! Wenn es uns gestattet
wäre, der Reihe nach die heiligen Väter — einen Augu=
ftinus, Hieronymus, Bafilius, Anaftafius, Gregor
von Nazianz, Chryfoftomus, einen heiligen Bernard,
Thomas von Aquin und Bonaventura; oder andere
Heilige, wie einen Franziscus Seraphikus, Domi=
nikus, Ignatius, Xaverius, Alphonfus Liguori und
dergleichen Gottesmänner, über denfelben Gegenstand
im vollen Erguß der Anmuthungen ihres Herzens,
predigen zu hören: welche Wonne! —

Indeß, fo fehr auch die Heiligkeit und Wiffenfchaft
des Predigers dazu beiträgt, die Kraft und Salbung
feines Wortes zu erhöhen; wie viele Hinderniffe
ergeben fich nicht in Hinficht auf den Prediger oder

auf die Zuhörer, die den Eindruck einer solchen
Predigt gewaltig verringern und verhindern? —

So Manches, was die Kraft der Rede erhöhen,
und den Eindruck derselben vermehren und sichern
würde, liegt nicht in der Macht und Willkühr des
Predigers. — Er selbst denkt vielleicht gerade an so
Manches nicht, was den Gegenstand, den er be=
spricht, eben in das geeignete Licht gestellt und am
nachdrücklichsten bewiesen hätte. — Es fehlt ihm die
gehörige Vorbereitung; sein Gedächtniß ist ihm nicht
treu; oder er ist eben nicht in der gehörigen Stim=
mung. Er wird von Mattigkeit oder Hitze nieder=
gedrückt, oder durch Lärmen, Geräusch und andere
Umstände und Vorfälle gestört. —

Mehr Hindernisse ergeben sich noch von Seite der
Zuhörer. Sie sind nicht befähiget den Prediger
gehörig zu erfassen; sie verstehen ihn nicht recht,
und sind selbst nicht in gehöriger Stimmung. —
Tausend andere Gedanken durchkreuzen ihren Sinn.
Sie haben die Sorgen des Lebens mit sich in die
Kirche gebracht; sie fühlen körperlich unbequem, sind
kränklich und schwach und so weiter. —.

Nichts von all' dem mindert die Geistesfreude oder

hindert den Eindruck der Mittheilung, im Himmel.
Dort ist jedem Seligen Alles klar und offenbar, und
es liegt ganz in seiner Macht, so wie er selbst von
der Erkenntniß Gottes durchdrungen ist, sich auch
Anderen mitzutheilen, je nachdem der heilige Geist
ihn dazu bewegt. — Wenn Christus schon von dieser
Welt versicherte: „Nicht ihr seid es die da reden;
sondern der Geist Gottes ist es, der durch euch re=
det;" wie weit mehr gilt dies von den Mitthei=
lungen im Himmel! —

Aber auch von Seite Anderer ist nichts, was im
Himmel dieselbe hindern könnte, diese Mittheilungen
vollkommen in sich aufzunehmen. Dort verstehen
sich Alle. Da geschieht die Mittheilung des Ge=
dankens durch den Gedanken selbst, und jede Be=
wegung des Gefühles durch das Gefühl; denn dort
sind Alle Eins in Gott, und wie ein elektrisch=geisti=
ges Fluidum durchzuckt das Licht der Erkenntniß
und Liebe alle in Gott Vereinigten. Jede Anmu=
thung des Dankes und der Freude, die das Herz
des Einen erfüllt, durchströmt und beseliget auch das
Herz und den Geist aller übrigen Seligen. Da gibt
es keine Sorgen, keine Krankheit, keine Ermattung;

noch Störung anderer Art. Im Gegentheil, Alles
erhöht die Einwirkung dieſer himmliſchen Anrede: —
der Anblick und die Perſönlichkeit deſſen, der ſpricht,
und der ein in Himmelsſchönheit verklärter Engel
oder Heiliger iſt; die Menge der Zuhörer, von
welcher Einer den Andern an Würde und Glorie
überſtrahlt, und die Alle ihren, von Seligkeit glän-
zenden Blick auf den Redenden gerichtet haben; —
die Pracht der Himmel, das Licht der Glorie, Alles
erhöht den Eindruck und den Geiſtesjubel ſolch'
einer Mittheilung.

Doch wer ſoll reden? —

Ein Strahl des Lichtes, aus dem Herzen Jeſu
hervorgehend, bezeichnet denjenigen aus der Menge
der Engel und Heiligen, der auf ſolche Weiſe ſich
den übrigen Seligen mitzutheilen erkieſen iſt. Dieſer
Strahl erweckt zugleich in ihm das Verlangen dies
zu thun und befähiget ihn es auch ſo zu thun, wie es
eben ſein Herz verlangt. — Ich ſtelle mir dabei vor,
als dränge es den ſich mittheilenden Seligen nach
ſeiner Jubelanſprache, wie Judith, einen Hochgeſang
des Dankes und der Freude anzuſtimmen, der dem
Gefühle des Herzens vollen Ausdruck gibt, und der

ganze Himmel stimme ein in diesen Dank und Ju=
belgesang.   Moses, David und die Propheten sangen
auch dergleichen Dankhymnen, und wer immer im
Stande ist, durch Gesang und Musik seinen Gefüh=
len Ausdruck zu geben, der weiß es, wie sehr dies
das Herz erquickt und zum Lobe Gottes begeistert. —

Und wenn nun Mehrere nacheinander sich folgten,
und der aus dem Herzen Jesu ausgehende Strahl
immer einen Engel oder Heiligen bezeichnete, der hö=
her in der Glorie stünde, und dessen Erkenntniß und
Liebe zu Gott darum größer wäre, wie müßte sich
doch dabei die Seligkeit und Wonne einer solchen
Mittheilung mehren ? —

Sei es auch, daß der Zuhörende höher begabt ist,
als der sich Mittheilende, so hört jener diesen doch
mit Trost und Freude, da dessen Wort in seiner eige=
nen Brust den geeigneten Anklang und noch völleren
Nachhall findet: — gleichwie ein starker Luftzug die
Saiten einer Harfe, wenn sie auch nicht gerade
gespielt wird, dennoch klingen macht.   Oder um
mich eines anderen Gleichnisses zu bedienen: solch'
ein Herzenserguß in Rede und Gesang muß unter
den Reihen der Seligen eine ähnliche Wirkung haben,

15

wie die ist, die wir in einem Haine beobachten, wo der
Gesang und Triller einer Nachtigall die anderen zu
noch begeisterndem Gesange anregt und ermuntert.
— Hier auf Erden weiß der Zuhörer bei weitem
nicht Alles, was sich der Prediger noch im Stillen,
angeregt durch die Verkündigung des göttlichen
Wortes, bei sich denkt, und was oft sein Herz noch
mächtiger zu Gott erhebt, als das Wort selbst, das er
spricht, und was er aus Kürze der Zeit, oder aus
Mangel der Befähigung den Zuhörern nicht mitzutheilen im Stande ist. Ebenso wenig ist es dem
Prediger gestattet, zu wissen, was jeder seiner Zuhörer denkt und fühlt. Wüßte er es, wie sehr
würde dies beiderseitig den Eindruck der wechselseitigen Mittheilung erhöhen! —

Dort im Himmel ist dies der Fall, denn dort ist
Alles aufgedeckt wie ein offenes Buch. —

Auf diese Weise wird aber auch noch eine andere
Freude den Seligen zu Theil; und das ist die Ver-
herrlichung, die ihnen wie allen Gott getreuen
Geschöpfen, zu Theil wird.

Ich habe um so mehr Grund, gerade auf diese
Freude des Himmels hinzuweisen, weil sie einem

Verlangen des Herzens entſpricht, welches nach dem
Zeugniß der Erfahrung, eines der mächtigſten iſt,
die das Menſchenherz fühlt. Ja man möchte ſagen,
dem Verlangen nach Ehre und Verherrlichung weicht
nicht ſelten jedes andere. —

Was würden Menſchen nicht oft aus Antrieb
ſonſtiger Leidenſchaften thun, würde ſie nicht die
Liebe zur Ehre zurückhalten. Wie Viele, die unge=
ſcheut der Habſucht, der Unmäßigkeit, Unzucht und
Feindſchaft fröhnen würden, werden zurückgehalten
durch die Furcht, ihr Anſehen und ihren guten Ruf
vor den Menſchen zu verlieren? Sie ſind ſogar im
Stande, dieſer Ehrliebe alle Gemächlichkeiten und
Vergnügungen, ja das Leben ſelbſt zu opfern; wie
wir dies ſo oft bei Jenen ſehen, die ſich freiwillig
aus Ehrliebe dem Soldatenſtand weihen, und frei=
willig in den Krieg ziehen, und ſich in die offenbar=
ſten Gefahren des Lebens ſtürzen. Wie oft werden
ſelbſt Zweikämpfe auf Leben und Tod geſchlagen,
bloß um ein Gut zu ſchützen, und das heißt — die
Ehre.

Andererſeits gibt es aber auch eine erlaubte Be=
friedigung dieſes Verlangens nach Verherrlichung;

wenn nämlich die Ehre, die uns gegeben wird, auf Gott übergeht, oder besser gesagt, wenn Gott selbst in der Ehre, die uns zu Theil wird, uns verherrlichet; nach jener Verheißung des Herrn: „Ich verherrliche diejenigen, die mich verherrlichen." * —

Diese Verherrlichung Gottes nach Außen ist das Ziel und Ende der Schöpfung. — Was könnte demnach Gott Größeres verheißen, und zugleich Seine Güte und Freigebigkeit in ganz göttlicher Weise bewähren, als daß Er die Seligen Antheil nehmen läßt, an dieser Seiner eigenen Glorie und Verherrlichung nach Außen? — „Den Ueberwinder," versichert Jesus, „mache ich sitzen mit mir auf meinem Thron: so wie ich überwand und sitze mit Ihm auf Seinem Thron." †

Als Judith das Volk angeredet hatte, erhob Ozias, der Fürst des Volkes, seine Stimme, und sprach: „Gesegnet bist du, o Tochter! von dem Herrn, und gebenedeit sei der Herr des Himmels und der Erde; denn heute hat Er deinen Namen also erhöht, daß dein Lob nie mehr weichen wird aus dem Munde

* I. Kor., 2, 30   † Apok., 3, 21.

der Menſchen, die ſich erinnern werden der Macht des Herrn ewiglich."

Und Achior gleichfalls, ſprach zu ihr: „Geſegnet ſeiſt du von deinem Gott in allen Hütten Jakobs, denn unter allen Völkern, die deinen Namen hören werden, wird der Gott Israels deinetwegen ver= herrlichet werden." —

Und Joachim ſelbſt, der Hoheprieſter, kam mit allen Prieſtern von Jeruſalem hinab nach Bethulien, um Judith zu ſehen, und Alle prieſen dieſelbe mit einer Stimme, ſagend: „Du biſt die Glorie Jeruſalems; du biſt die Freude Israels; du biſt die Ehre deines Volkes; denn du haſt männlich gehandelt, und dein Arm wurde geſtärkt, weil du die Keuſchheit geliebt haſt; darum hat dich der Herr gekräftiget, und du ſollſt geprieſen ſein ewiglich." —

Und das ganze Volk rief: „Alſo ſei es, alſo ſei es!" Und alles Volk freute ſich mit den Frauen und Jungfrauen und den Jünglingen, ſpielend auf In= ſtrumenten und Harfen... Und Judith war groß in Bethulien, und ſie war hochberühmt im Lande Israel — und an den Feſttagen trat ſie hervor in großer Glorie."

Wie überſchwenglich groß muß demnach nicht erſt
die ewige Jubelfeier der Verherrlichung der Seligen
im Himmel ſein, nach ihrem Siege über alle, und
zwar ſo mächtige Feinde des Heiles! —

Selbſt die Ehrliebe des Haman erhob ſich nicht ſo
weit, daß er verlangt hätte, der König möge ihn auf
ſeinen Thron ſetzen; er war zufrieden auf einem der
Pferde desſelben zu ſitzen. — Gott iſt unendlich frei-
gebiger. Er geſtattet den Seligen nicht nur Antheil
an Seiner Seligkeit, ſondern ſelbſt an Seiner Herrlichkeit und Glorie. —

Es geſchah einſt, als die heilige Gertrud mit ihren
Schweſtern im Chore verſammelt war, um das Ka-
pitel zu halten, daß Jeſus erſchien und Gertrud neben
ſich auf einem Stuhle ſitzen ließ. — Wer ſollte die be-
glückte Heilige nicht um dieſen Beweis der beſonderen
Freundlichkeit und Liebe des Herrn, und um dieſe
Begünſtigung und Bevorzugung vor den übrigen
Schweſtern im Chor, beneiden? — Im Himmel ſitzt
jeder Selige durch eine wundervolle Mittheilung der
Glorie des Herrn mit Ihm auf e i n e m Thron. So
gibt ihm der Herr die Ehre vor dem ganzen Himmel.
Welch' eine Verherrlichung! —

Wenn hier auf Erden alle Könige und Regenten, alle Würdenträger der Kirche, ja der Papſt ſelbſt, vereiniget mit allen Völkern der Erde, einem Menſchen den Ausdruck ihrer Hochſchätzung, Aner= kennung und Bewunderung ſeiner Verdienſte in demſelben Augenblicke darbrächten, wie geehrt würde derſelbe ſich fühlen, und würde eine ſolche Verherr= lichung ſein Herz nicht unermeßlich befriedigen? — Im Himmel bringen alle Chöre der Engel und Hei= ligen, dem Ueberwinder und Sieger den Ausdruck ihrer Anerkennung und Lobpreiſung dar, und Gott ſelbſt beſtätigt den Jubel ihrer Huldigung. Welch' eine Verherrlichung, und welch' eine Beſeligung zu= gleich, da all' dieſe Ehre zuletzt in die größere Ver= herrlichung Gottes nach Außen übergeht! —

Doch wie unermeßlich wird nicht erſt der Jubel im Himmel, wenn Maria ſich erhebt, die durch ihre unbefleckte Empfängniß bereits das Haupt des Holofernes der Hölle zerdrückte; — wenn ſie, der Sitz der göttlichen Weisheit, die Seligen anredet, und ihren Dank= und Lobgeſang zum Lob und Preis der allerheiligſten Dreifaltigkeit anſtimmt, und Gott der Vater, der Sohn und der heilige Geiſt hinwieder

ihr die Ehre gibt im Angeſicht aller Engel und
Heiligen!

Die Verherrlichung Mariä wird nur von der
ihres göttlichen Sohnes, des menſchgewordenen gött=
lichen Wortes, übertroffen. Wie wundervoll beſeliget
nicht die Anſprache Jeſu die Verſammlung aller lau=
ſchenden Engel und Heiligen! Jedes Wort ſtrahlt
neues Licht aus, Freude und Leben und neue Er=
kenntniß deſſen, was die Seligen bei all' dieſen Him=
melsanreden gedacht und gefühlt, und erhebt aber=
mals die Herzen Aller zur Huldigung und Lob=
preiſung des Welterlöſers, und Seines göttlichen
Vaters durch Gott den heiligen Geiſt. — Wer ver=
möchte es wohl, ſich die Majeſtät nnd Verherrlichung
der gebenedeiten Menſchheit Jeſu vorzuſtellen, die
verherrlichet iſt durch die allerheiligſte Dreifaltigkeit
in perſönlicher Vereinigung mit Gott dem Sohne! —

Alsdann zum Schluſſe ſtimmt Jeſus, der Geſetz=
geber des Neuen Teſtamentes, der durch das rothe
Meer Seines Blutes, dieſe, dem Geiſte nach, wahren
Kinder Israels, aus der Sklaverei des Teufels be=
freite und dieſelben während ihrer müheſamen Pil=
gerreiſe durch die Wüſte dieſes Lebens mit dem Manna

Seines Fleisches und Blutes speiste, alsdann stimmt
Er, als Gottmensch und Heiland der Welt, den Lob-
und Hochgesang des Dankes an, zum Preise Seines
himmlischen Vaters. Und mit Ihm erheben alle
die Erlöseten ihre Stimme und geben Gott die Ehre,
und benedeien mit allen Engeln die Großthaten des
Herrn, und bringen dem dreieinigen Gott den Tribut
ihrer Anbetung und ihres Dankes dar; besonders
für den Rathschluß und das Geheimniß der Mensch-
werdung des Sohnes Gottes, und der unendlichen
Verdienste Jesu Christi, zur Rettung des Menschengeschlechtes, und zur Erhöhung der Glorie und Seligkeit der Engel zugleich mit den Heiligen. —

Einst auf Erden, als die Kinder Abrahams aus-
zogen aus dem Lande der Knechtschaft und Tyran-
nei, da sangen sechsmalhunderttausend Männer am
Strande des rothen Meeres den Dankgesang
Moyses, des Dieners Gottes, den Miriam, seine
Schwester, mit den tausenden von Jungfrauen,
Pauken und Zimbeln spielend, begleitete. Welch'
ein mächtiger Gesang, wie nie ein anderer je auf
Erden gehört worden, noch je gehört werden wird! —

Im Himmel sind es sechsmalhunderttausend

Myriaden von Stimmen, und noch unzählige mehr,
welche mit Jesus und Seiner gebenedeiten Mutter
Maria, der Königin der Jungfrauen, den Lobge=
sang des Dankes für ihre Rettung aus der Skla=
verei der Hölle, und für ihren Einzug in das gelobte
Land der Himmel anstimmen: „Lobsinget dem
Herrn, denn glorreich ward Er verherrlicht. Gestürzt
und vernichtet hat Er alle Seine Feinde. — All=
mächtiger ist Sein Name. Meine Stärke und mein
Lob ist der Herr: denn er ward mir zur Hülfe. Er
ist mein Gott; Ihn will ich preisen, denn Er ist
mein Schöpfer und Erlöser zugleich. Wer, o Herr!
ist Dir gleich? — In Deiner Erbarmung wurdest
Du Führer Deinem Volke, das Du erlöset; und in
Deiner Stärke und Gnade hast Du dasselbe getra=
gen in Deine heilige Wohnung. Der Herr wird
herrschen, und wir mit Ihm ewiglich. Alleluja!
Alleluja! Alleluja!“

Hat dieser Siegesgesang die Seele schon bei ihrem
Eintritt in den Himmel mit solcher Wonne erfüllt,
— wie ich bei Gelegenheit der an ihr und allen Se=
ligen sich erfüllender Prophezeihungen nachgewiesen;
— wie jauchzt ihr Geist nicht erst in Frohlocken auf

wenn sie denselben nun in der Gemeinschaft aller Engel und Heiligen mit Mariä und Jesu selbst singt!

Bei dem Donner der Freude, der das Alleluja dieses Siegesgesanges begleitet, erzittern die Himmel von neuem, und selbst das Fundament der Hölle erbebt bei dem gewaltigen Nachhall, der durch die neun Himmel immer mächtiger und mächtiger erschallt, und die seligen Räume durchrollt, während Ströme von Musik und Harmonie dieselben durchwogen, deren Echo man selbst in den Tiefen der Hölle hört, zu noch größerer Trauer und Verzweiflung der Verlorenen. —

Welch' ein Gegensatz! Und auch dieser trägt zur Erhöhung der Himmelsfreuden der Seligen bei. — Der Sieg, den sie errungen, ist ein Triumph der Gnade. „Es müßte nicht sein, daß ich nun so überschwenglich selig bin; — es hätte auch anders sein können," — so mahnt das Echo aus den Untiefen der Verwerfung die gerettete Seele. — „Möglich, daß auch ich für ewig verloren gegangen wäre! Doch nun nicht mehr, — nie mehr! Der Sieg gab mir eine ganze selige Ewigkeit." — Dieses Alleluja erhebt die Seligen auf die höchste Höhe ihres Jubels.

XIX.

Die Himmelswohnungen und das himmlische Gastmahl.

Seht die Paläste schimmern,
Voll Edelsteine flimmern,
In wundervollen Bauten,
Die Menschen hier nie schauten.
Gott nun es ihnen lohnet,
Der dort mit ihnen wohnet,
Wo Alle sich nun lieben,
Und nie mehr sich betrüben.

Jesus und Maria segnen die Seligen, und sie ziehen sich zurück in ihre Himmelswohnungen.

Da betrachten sie mit jubelvollem Staunen die Schönheit und Herrlichkeit dieser himmlischen Paläste, die, der eigenthümlichen Verherrlichung einer jeden Seele gemäß, verschiedentlich geschmückt und geziert sind. —

(236)

Sie ziehen da nach Wohlgefallen in die, in Wun=
derpracht erſtrahlenden Wohnungen der Mitſeligen,
als wären dies gleichfalls die ihrigen, denn der Beſitz
im Himmel iſt durch den wechſelſeitigen Austauſch
der Freude in heiliger Liebe — der Beſitz Aller. Dar=
um erheben ſie auch gemeinſchaftlich ihre Stimme,
und rufen mit von Troſt und Dank überſtrömenden
Herzen aus: „O wie lieblich ſind deine Wohnungen,
Herr der Kräfte; mein Herz und mein Fleiſch haben
ſich erfreut in dem lebendigen Gott." — „Selig, o
Herr! die in Deinem Hauſe wohnen; ſie werden Dich
preiſen ewiglich!" — * „Ein Tag hier mit Dir iſt
mehr werth, als Millionen von Jahren in jenen
eitlen Freuden und Genüſſen, denen wir einſt auf
Erden entſagt, um in dieſe Wohnungen ewiger Freude
zu gelangen." —

Welch' einen Himmelstroſt muß dieſer Beſuch und
Umgang mit anderen Heiligen, beſonders Jener ge=
währen, die ſich einſt im Dienſte Gottes auf Erden
näher geſtanden, die an einem Platze und in demſel=
ben Beruf für das Reich Gottes gearbeitet, und die

---

* Pſ., 83.

zur wechselseitigen Rettung und Heiligung sich hülf-
reich die Hand gereicht, wenn sie sich in diesen Wohnungen ewiger Freude begrüßen. —

Jeder Selige erkennt und fühlt dabei die unbe-
gränzte Liebe, mit der jeder andere Selige im Himmel
ihn liebt, und seine Seligkeit Ihm mittheilt, als wäre
er sein eigenes Ich in der Gemeinschaft der Heiligen.—

Ja, das ist's, was den Himmel zum Himmel
macht. — Die Seligen sind Alle Eins in Gott durch
Jesum Christum unseren Herrn; — sie sind ein Reich
der Liebe in Gott. —

Betrachten wir schließlich noch eine der Himmelsfreuden, von welcher die heilige Schrift an verschiedenen Stellen Erwähnung thut. — Es ist dies das
Gastmahl des Himmels. — Jesus Christus selbst
vergleicht bei dem Evangelisten Lukas * den Himmel
mit einem Gastmahl, und in der geheimen Offenbarung lesen wir gleichfalls unter diesem Bilde die Ju-
belfreude des Himmels bezeichnet.   „Selig,“ heißt es
da, „die zur Hochzeit des Lammes geladen sind.“—†
Und in der That vereiniget auch ein königliches

* Luk., XIV.   †1. Apok., 19.

Gaftmahl Vieles, das die Theilnehmer an demselben ergötzt und erfreut, und bei welchem der König, der es gibt, Gelegenheit hat, seine Reichthümer und seine Freigebigkeit den Völkern zu beweisen.

Darum lesen wir, daß König Affuerus, der über hundert und sieben und zwanzig Provinzen herrschte, und der die Größe und Pracht seiner Macht und Reichthümer vor den Augen seiner Völker zu entfalten wünschte, kein Mittel geeigneter dazu erachtete, als ein großes Gaftmahl, zu welchem er alle Großen seines Reiches einlud. — Das Gaftmahl dauerte hundert und achtzig Tage, und als diese vorüber waren, lud er noch das ganze Volk seiner Kaiserstadt ein, und setzte das Gaftmahl durch noch sieben andere Tage fort. —

Um den Glanz dieses Gaftmahles am Schluffe zu erhöhen, und demselben alle mögliche Annehmlichkeit zu geben, ließ er dafür den Vorhof seines königlichen Gartens mit verschwenderischer Pracht bereiten und zieren. „Da hingen," — sagt die heilige Schrift, — „von allen Seiten himmelblaue, rothe und veilchenblaue Tücher, von linnenen und purpurnen Schnüren gehalten, die in elfenbeinernen Ringen

liefen und an marmornen Säulen befeſtiget waren.
Auch ſtanden gold= und ſilbergeſtickte Lagerpolſter auf
dem Pflaſter, das mit Smaragden und pariſchem
Marmor eingelegt und mit wunderbarer Abwechs=
lung maleriſch geziert war. Die aber ſo geladen
waren, tranken aus goldenen Bechern, und die Spei=
ſen wurden immer in anderen Gefäßen aufgetragen.
Als das Volk zu Tiſche lag, da ſtand einer der
Fürſten des Königes an jedweder Tafel und diente
den Gäſten.“ — Gewiß ein wahrhaft königliches
Gaſtmahl! —

Doch was war jenes Gaſtmahl gegen das, welches
der himmliſche Aſſuerus, Jeſus Chriſtus im
Himmel allen Fürſten des Himmels, und allen durch
Ihn geretteten Völkern und Nationen im Himmel
gibt? — Aſſuerus lud nur die Großen aus ſeinen
Provinzen und das Volk einer Stadt zu ſeinem Gaſt=
mahle ein. Bei dem Hochzeitmahl im Himmel ſehen
wir alle Fürſten des himmliſchen Reiches, und in
unabſehbarer Menge die ſeligen Menſchenkinder aus
allen Geſchlechtern und Nationen der ganzen Erde,
und aller Zeiten, gelagert.

Bei dem Gaſtmahle des Aſſuerus, waren nur einige

Fürsten und Mächtige. — Dort im Himmel sind
alle, die an dem Gastmahle Antheil nehmen, —
Könige und herrschen mit Ihm. —
Bei dem Gastmahle des Assuerus dienten einige
Große und Fürsten des Reiches. Im Himmel sind·
es die Myriaden der Engel, und Christus der Herr
selbst überwacht das Gastmahl. —
Das Gastmahl des Assuerus dauerte hundert und
achtzig Tage; das im Himmel erneuert sich in end=
lose Ewigkeit.
Bei dem Gastmahle des Assuerus wurde das Volk
übersatt. Im Himmel erquickt das verborgene
Manna, von dem die geheime Offenbarung spricht,
die Seligen mit stets neuen Wonnen.
Was aber die Stätte selbst betrifft, an der das
Gastmahl gefeiert wird, was wäre all' die Pracht der
für das Volksbanquet durch Assuerus gezierten Vor=
höfe der königlichen Gärten, gegen die Pracht, mit
welcher das Gastmahl in den paradiesischen Fluren
des Himmels durch Gottes Allmacht und Freigebig=
keit geziert und geordnet ist? —
Da lagern sich unter den wundervoll schimmernden
Lichtsäulen, die das Gewölbe der Himmelshalle
16

tragen, auf ihren königlichen Ruhebetten alle die
Seligen aus allen Völkern in unabsehbaren Reihen,
an ihrer Spitze Christus und Maria! Die Schutz=
engel reichen den Seligen das Manna, jene Him=
melsspeise, von der die geheime Offenbarung spricht.
Christus segnet dasselbe und es erquickt mit unnenn=
barer Süßigkeit den Geschmack der Seligen, und
frischt das unsterbliche Leben der Körper der Seligen
in stets neuen Wonnen auf. Es ist für dieselben
noch unvergleichbar köstlicher als für unsere Stamm=
eltern die Frucht vom Baume des Lebens gewesen
wäre, wenn sie im Stande der ursprünglichen Gerech=
tigkeit und Heiligkeit verblieben wären.

Auf gleiche Weise reichen die Engel den Seligen
bei diesem Gastmahl jenen Wein, von dem Christus
sagt, daß Er denselben nicht trinken werde, als im
Reiche Gottes. * — Dabei ertönen abwechselnd die
Freudengesänge und Musikchöre der Engel zur Ver=
herrlichung Christi des Welterlösers, und der durch
Seine Vereinigung mit der Person des Sohnes
Gottes über sie erhobenen Menschennatur. —

* Mark.; 14.

Christus, begleitet von Seiner heiligen Mutter, deren Lob die heiligen Engel auch mit besonderer Feierlichkeit besingen, durchzieht die Reihen der Seli= gen und begrüßt sie mit dem Gruß und Kuß des Friedens, dem Unterpfande der innigsten Vereinigung des Menschen mit Jesus und Maria im Reiche der ewigen Liebe. —

Das ist das himmlische Hochzeitmahl, welches die heilige Schrift zugleich ein Abendmahl nennt, um durch diesen Ausdruck zugleich auf den Frieden ewiger Ruhe hinzuweisen, in welche die Seligen ein= gegangen, und die in alle Ewigkeit auch Nichts mehr stören soll. —

XX.

Die Wiederkehr der himmlischen Freuden.

Es ruft zum zweiten, dritten Mal,
Ruft tausend Mal und ohne Zahl
Der Glockenruf der Seligen Schaar,
Dorthin, wo sie versammelt war.
Und neuer Jubel sie erfüllt,
Der Himmel völler sich enthüllt,
Weil Gott es ist, Der sie beglückt,
Mit neuen Freuden sie entzückt.

Christus, vereiniget mit allen Seligen, spricht das Dankgebet, und wieder erschallt das Geläute der Himmelsglocken, und ruft von Neuem zur Ostermesse. Wieder eilen die Seligen hin zu dem Throne des Lammes; und siehe! es liegt vor demselben das bis jetzt verschlossene, nun aber geöffnete

(244)

Buch, das die neuen Himmelsfreuden enthält, die
ihnen nun ſollen mitgetheilt werden. Und mit er=
höhter Innigkeit und in wo möglich noch vermehrter
Andacht ertönt das Weihelied der Anbetung von
Neuem: „Würdig biſt Du, o Herr! zu nehmen das
Buch und deſſen Siegel zu löſen; denn Du wardſt
geopfert, und haſt uns erlöſt für Gott in Deinem
Blute; und haſt uns für unſern Gott zu einem
Reich und zu Prieſtern gemacht, und wir werden
herrſchen ewiglich." *

Wieder durchduftet himmliſcher Wohlgeruch die
Himmel, der aus den goldenen Gefäßen ſich qual=
mend erhebt, während das Kyrie wieder durch alle
die Reihen der Engel und Heiligen erſchallt. Wieder
ertönt das Gloria im neuen Freudenjubel des Dankes
und wieder erneuern ſich alle die wundervollen Ju=
belgeheimniſſe der Oſtermeſſe; die Wandlung und
Gottescommunion, in neuen, niegeahnten Wonnen,
bis das Ite missa est wieder durch die Himmel
ſchallt, und das Magnificat und Te Deum der
Veſper von Neuem die Himmel in Freude erbeben

* Offb., 5.

macht. Die Seligen erfreuen sich in neuer Weise in
all' den Freuden himmlischen Umganges und himm=
lischer Gesellschaft, die wir betrachtet. Welch' ein
Staunen der Bewunderung erfüllt sie, wenn sie nun
wieder die Gefilde des Paradieses durchziehen! —

Der Himmel hat sich in ganz neuen Reizen verklärt,
durch Ihn, dessen Macht, Güte. Schönheit und Se=
ligkeit unbegränzt ist, und Der sich darin gefällt, Seine
treuen Kinder mit stets neuen Gußbächen der Freude,
durch neuen Reflex Seiner unendlichen Vollkommenheit
zu überfluthen. Gleichwie ein Kaleidoskop gewendet
ganz neue Formen zeigt, wenn auch nichts Neues
in dasselbe gelegt wurde; so können auch die Himmel,
ohne eine neue Schöpfung zu verlangen, in end=
losen Formen neuer Schönheit sich verklären. —

Ich möchte darauf die Worte der geheimen Offen=
barung des heiligen Johannes beziehen, wenn er
bezeugt: „Auf beiden Seiten des Flusses standen
Bäume des Lebens, die trugen zwölfmal Früchte;
jeden Monat trugen sie neue Früchte."* — Und
die Versicherung derselben geheimen Offenbarung:

---

* Apok., 22.

„Siehe ich mache Alles neu; spricht Gott der Herr."* Ja wohl! die ganze Ewigkeit ist nicht im Stande die unendliche Weisheit, Macht und Güte Gottes zur Beseligung Seiner treuen Geschöpfe in stets neuen Freuden zu erschöpfen! —

Von Neuem erschallen die Chöre himmlischer Musik, getragen auf den Schwingen himmlischer Phantasie, die in neuen Weisen himmlischer Tonwelt sich erhebt, und alle die Tröstungen im Umgang mit den Mitseligen erneuern sich und beglücken wechselseitig die Engel und Heiligen, bis sie wieder in ihre himmlischen Wohnungen kehren. Auch diese erstrahlen in neuer Pracht, und beleben sie mit neuen, und, wäre es möglich, in stets durch diese Erneuerung wachsenden und neuanschwellenden Anmuthungen des Dankes und der Liebe gegen Gott. — Da jauchzen sie denn Alle mit den Worten des Psalmisten auf: „Wie groß ist die Menge Deiner Süßigkeit, o Herr! die Du denen bewahrt hast, die Dich fürchten!"† „Selig sind die in Deinem Hause wohnen; sie werden Dich preisen ewiglich!"‡

---

* Offb., 22.   † Psalm, 30.   ‡ Psalm, 83.

XXI.

Die selige Ewigkeit!

Endlose Jahre
Eurer ich harre;
Endlose Freude im ewigen Leben,
Dir sei von nun an geweihet mein Streben! —
Lasset hinziehen,
Schwinden und fliehen,
Alles was irdisch, was zeitlich man nennt;
Glück ist nur das, was kein Ende mehr kennt. —

Immer! — Ewig! — Ohne Ende!

Das ist's was den Himmel zum Himmel macht. Ewigkeit! — O großes Wort! — Betrachtende Seele, höre und bedenke was der heilige Augustin darüber sagt: „Sage was du willst; du sagst dennoch zu wenig." —

(248)

Die Ewigkeit ist ein Cirkel; sein Mittelpunkt heißt: Immer; — sein Umkreis: Nimmer.

Doch einen besseren Vergleich bietet der Engel dar, den Johannes in einer Erscheinung sah — der Engel der Zeit. — „Und ich sah einen mächtigen Engel vom Himmel kommen, der hatte in seiner Hand ein kleines Buch. Und er setzte den rechten Fuß auf das Meer, und den linken auf die Erde, und er rief mit lauter Stimme, die in sieben Donnern wieder= hallte: Es wird keine Zeit mehr sein!" *

Vergleiche und betrachte, christliche Seele! —

Würde ein Vöglein alle tausend Jahre von der Sonne kommen und jedesmal nur ein Stäublein von dieser Erde mit sich nehmen, wie lange, meinst du, würde es wohl dauern, bis das Vögelein das letzte Stäublein derselben fortgetragen? — Und den= noch, wenn das Vögelein immer kommt und im= mer nimmt, so würde es, Stäublein für Stäub= lein, die Riesengebirge aller Welttheile, und end= lich das letzte Stäublein der Erde selbst durch die Lüfte zur Sonne tragen; es käme endlich doch einmal die Zeit, wo auch das letzte Stäublein

* Apok. 10.

dieſer Erde ſchwände, aber — Wann?! — Und dann
iſt dennoch von der Ewigkeit kein Stäubchen noch
verſchwunden. Durch alle dieſe Jahre jubeln die
Seligen im Himmel in ſtets neuen Freuden fort.
Und iſt das letzte Stäublein dieſer Erde fortgetragen:
— die Seligen ſie bleiben dort; von ihrer Ewigkeit
iſt auch kein Stäublein weggeſchwunden; denn die
Ewigkeit ſie hat k e i n E n d e. —

Das iſt der Himmel, der auf dich wartet. Alleluja! treue Seele, freue dich!

Der Engel ſtellt den andern Fuß auf das Meer.
Stelle dir vor, das Vögelein nehme alle tauſend
Jahre ein Tröpflein aus den Waſſern aller Meere
fort. Wie lange würde es wohl dauern, bis das
Vögelein alle Meere ausgetrunken? — Es nimmt
in z e h n t a u ſ e n d Jahren uur z e h n Tropfen
weg! Und dennoch würde das Vögelein immer kom=
men und immer nur ein Tröpflein nehmen: endlich
— endlich würde doch die Stunde kommen, und ſiehe
— das Vögelein es fliegt hinab — hinab bis auf den
tiefſten Meeresgrund, und nimmt das letzte Tröpflein
fort: — aber — Wann? — Und dann iſt dennoch von
der Ewigkeit kein Tröpflein noch verſchwunden. —

Durch alle diese Jahre jubeln die Seligen im Him=
mel in stets neuen Freuden fort. Und hat das
Vögelein das letzte Tröpflein aller Meere ausgetrun=
ken, die Seligen sie bleiben dort; — von ihrer Ewig=
keit ist doch kein Tröpflein noch geschwunden: denn
die Ewigkeit sie hat **kein Ende!**

Das ist der Himmel, der auf dich wartet. Alle=
luja! treue Seele, freue dich! —

Endlich, der Engel hat ein Buch in der Hand. —
Wie wenige Ziffern braucht man, um eine Million
zu schreiben? — Nur sieben. Stelle dir nun vor,
ein Engel schriebe das Zimmer in dem du dieses
liesest, ja die ganze Erde, das ganze Firmament, alle
Sonnen, alle Sternen voller Zahlen, und dies sollen
Jahre sein. Wie viele Jahre wären das? —
Die Engel mögen es wissen. — Und dennoch
bewegte diese Zeit sich fort: — endlich — endlich
würde doch das Jahr, der Tag, die Stunde, die
Minute kommen, und siehe, die **letzte** Sekunde
aller dieser Jahre wäre fort — vorüber; aber:
Wann? — Und durch diese ganze Zeit von un=
zählbaren Jahren, erfreuen sich die Seligen im
Himmel in stets neuen Freuden: — und ist die

letzte der Sekunden dieſer Jahre fort — die Seligen
ſie bleiben dort, von ihren Freuden iſt auch kein
Stündlein noch geſchwunden — die Ewigkeit ſie hat
kein Ende. —

Alleluja! das iſt der Himmel, der auf dich wartet. Der Himmel — hat kein Ende. — Alleluja! treue Seele! halte aus die kurze Zeit; und
juble — ihr Preis iſt eine ganze Ewigkeit! Sie
bleibt, ſo lange Gott Gott iſt, in immer neuen Freuden: — das iſt der Himmel. —

O ſchöner Himmel! Was ſoll ich thun, dich zu
gewinnen?! —

XXII.

Schluß und Entschluß.

So sei es denn: ich fange an,
Mein Gott und meine Liebe!
Ich wandle nun der Heil'gen Bahn,
Und Ihre Werke übe!
Der Himmel, ja, er ist es werth,
Wie raich der heil'ge Glaube lehrt,
Daß nur für ihn ich lebe, .
Nach ihm nun einzig strebe.
O Jesu! Heiland! Gottessohn!
Hör' mich auf Deinem Himmelsthron,
Gib mir Dich selbst nun bald zum Lohn
O Jesu, Jesu, Jesu — komm!! —

Und nun fromme Seele! die du Alles betrachtet, was ich vom Himmel bisher gesagt, kannst du noch sagen und klagen, daß der Mensch nur wenig vom Himmel wisse,. und daß es schwer sei, die Freuden des Himmels zu betrachten? —

(253)

Wenn du nur eben das erwägst, was ich in diesen Blättern mir vom Himmel gedacht, mußt du nicht bekennen, daß, wenn dem so wäre, Jahrtausende wie Sekunden schwinden, und die Himmelsfreude in alle Ewigkeit nie altern, sondern sich stets in neuen, unnennbaren Wonnen verjüngen würden? —

Indeß, ein großer Zweifel könnte sich in dir erheben, und du könntest fragen: Aber Vater! ist der Himmel auch wirklich so, wie du ihn beschrieben? Ich antworte: So nicht, und doch so; — aber unendlich seliger. —

Was ich hier gesagt, ist so wie ich es gesagt, der Anordnung nach, nur das Gebilde gläubiger Phantasie, und der sich daran reihende Erguß eines gottliebenden Herzens, das die Sehnsucht seines Verlangens im Himmel ersättiget zu sehen hofft und wünscht.

Die Auffassung dieser Freuden, ist selbst gewählt, und folgt dem Ritus, mit welchem die Kirche, unsere Mutter, Ostern auf Erden feiert. —

Das Wie dieser Freuden, ist uns hienieden verborgen, da gilt das Wort des Weltapostels: „Kein Auge hat es gesehen, kein Ohr gehört, und kein Menschenherz geahnt, was Gott denen bereitet hat, die Ihn lieben." —

Allein das Was, d. h. die Gattung der Freude, ist keine so völlig undurchdringliche. Da gilt das andere Wort desselben Apostels: „Wir sehen es bereits, was einst kommen soll, doch dunkel noch, und nur wie in einem Spiegel." —

Dort ist alle wahre Freude — denn der Himmel ist das Reich der Freude. Was immer ich aber in diesem Buche vor den verschiedenen Freuden des Himmels betrachtet habe, ist wahre Freude, denn es ist Freude in Gott, und wegen Gott; somit ist dieselbe auch im Himmel, nur unendlich seliger als ich dieselbe beschrieben habe.

Daß aber jede dieser Freuden, die ich betrachtete, ihrem Wesen nach im Himmel sei, erhellt auch noch aus einem anderen Grunde. Jede dieser Freuden gründet sich auf das Fundament des heiligen Glaubens. Keine andere, als nur eine gläubige Seele konnte je so ahnen, so betrachten, und von den Freuden des Himmels so reden, wie ich es gethan. Nun denn, der Glaube geht einst in das Schauen

über, in den wirklichen Besitz dessen, was uns nur
der Glaube hoffen und lieben lehrt.

Alleluja! der Himmel ist so, wie ich ihn mir gedacht; und doch, Alleluja! er ist nicht so, denn er ist
noch unendlich beseligender! Allein angenommen,
daß der Himmel nur so sei, wie ich denselben hier
beschrieben, und was die gläubige Phantasie des
Lesers sich noch dazu dachte oder denken könnte: ist es
nicht genug und übergenug, um mit aller Entschlos-
senheit unseres freien, und mit dem Beistand der
Gnade Gottes gleichsam allmächtigen und unbesieg-
baren Willens, auszurufen: Koste es was es wolle,
den Himmel muß ich einstens haben, — den laß ich
mir nicht rauben! Und nicht nur dies, sondern koste
es was es wolle, so will ich von nun an dafür leben,
dafür sorgen, daß ich den möglichst höchsten Grad der
Glorie im Himmel für mich sicher stelle! —

Nie und nimmer wird unser Herz der Versuchung
von Lauigkeit weichen, so lange die Erinnerung an
die kommenden Freuden seliger Ewigkeit, wie ich
dieselbe so eben betrachtet, in ihrer lichtvollen Größe
vor unserem Geistesauge stehen. —

Der gottselige Eusebius Nieremberg zieht in dieser

Beziehung eine sehr wichtige Paralelle, wenn er zum
Beweise dafür, welchen Einfluß die Betrachtung
über die Freuden des Himmels auf unseren Willen
üben sollte, auf das Beispiel Cyrus' des Großen
hinweiset, und auf die Art und Weise, mit der er
seine Krieger zum Kampf begeisterte.

Als nämlich Cyrus daran dachte, die Meder zu be=
siegen, da bestellte er seine Leute, an einem bestimmten
Tag zu ihm zu kommen und eine Art mitzubringen. —
Darauf ließ er sie an diesem Tage einen Wald um=
hauen, wobei ihnen die Arbeit sehr hart und beschwerlich
fiel. — Des andern Tages nach vollbrachtem Werk lud
er sie zu einem großen Gastmahl ein. Als sie nun
höchst vergnügt beisammen saßen, da fragte er sie, wel=
cher Tag ihnen besser gefiel: der gestrige oder der heu=
tige. Die Antwort war bald gegeben. Alle schrieen
auf, der Tag des Gastmahles sei es. — Da legte ihnen
Cyrus die Bedeutung dieser zwei Tage aus, indem er
bemerkte, daß, wenn sie die Meder siegesmuthig an=
griffen und besiegten, die Mühe kurz, aber der Gewinn
des Erfolges überschwenglich groß an Vergnügungen
und Reichthümern sein werde. — So entflammte Cyrus
seine Perser zum Kampf und überwand die Meder. —

17

Wenn nun der bloße Gedanke an die Möglichkeit eines großen Gewinnes, bei noch ganz ungewiſſem Erfolge, dieſe Krieger ſo muthig und entſchloſſen machte, Mühen und Gefahren zu beſtehen, die bei weitem größer ſind, als jene, welche ein eifriges chriſtliches Leben von uns verlangt, was ſollten wir nicht zu thun bereit ſein, um uns zu entſchließen, ſo zu leben, daß wir gewiß das Himmelreich gewinnen, und an uns reißen?!

Vergleichen wir nur oft den Jubel des himmliſchen Gaſtmahles mit den geringen Entſagungen dieſes Lebens; die Größe des himmliſchen Reiches, mit der Geringfügigkeit unſerer Dienſtleiſtungen; die Freude in der Gemeinſchaft Jeſu, Mariä und aller Heiligen, nnd beſonders die Seligkeit unſerer weſent= lichen Vereinigung mit Gott, — und alle unſere Arbeiten· werden uns Feſte, unſere Anſtrengungen Ruhe, und unſere irdiſche Glückſeligkeit, die uns ſonſt oft den Himmel vergeſſen macht, nur Elend und Armſeligkeit dünken. —

Oder was ſind die Reichthümer der Erde, die überdies ſo ungewiß, trügeriſch und voll der Sor= gen und Gefahren ſind, verglichen mit den un=

ermeßlichen, und nie ſich mindernden Schätzen des
Himmels? —

Was iſt all' die Ehre dieſer Welt, die an und für
ſich nur eitler Dunſt iſt, verglichen mit jenen Ehren,
die dort auf uns warten, wo Gott ſelbſt uns vor allen
Engeln und Heiligen in ſeiner Glorie verherrlichet?—

Was ſind alle Vergnügungen der Welt, die nur
zu oft uns das größte Gut des Lebens, die Geſundheit, rauben und ſchwächen, und doch das Herz nie
beruhigen, ſondern nur vielmehr die Leere alles Irdiſchen mit Bitterkeit fühlen laſſen: verglichen mit
jenen Freuden, mit welchen der Himmel uns einſt
überfluthet, und in welchen wir jene Ruhe und jene
ſeligen Freuden finden, für welche wir erſchaffen
ſind? —

Was iſt unſer ganzes Leben auf Erden im Vergleich mit jenem Leben, das allein nur dieſen Namen
verdient, weil es unſterblich iſt? —

Wenn wir an unſeren Körper denken: Was iſt
all' ſeine Schönheit und Auszeichnung auf Erden,
verglichen mit ſeiner Schönheit und ſeiner Verherrlichung nach der ſeligen Auferſtehung von den
Todten? —

Wir ſind jetzt nur Fäulniß, Schmutz, Unſauber-
keit, Krankheit, Beſchwerde, Verweſung und endlich
eine Speiſe der Würmer. — Dann hingegen ſind
wir, auch dem Körper nach, Licht, Glanz, Reinheit,
Schönheit, Unzerſtörbarkeit, Unſterblichkeit. —

Ja freilich wohl, welch' ein Unterſchied zwiſchen
einer verfaulenden Leiche im Sarge, und zwiſchen
dem in Licht und Seligkeit ſtrahlenden Körper auf
ſeinem Himmelsthron! —

Was iſt all' unſere Erkenntniß auf Erden, und
unſere irdiſche Vollkommenheit, im Vergleich mit
jener Erkenntniß im Himmel, wo wir in Gott einſt
Alles erkennen, und mit Seinem heiligſten Willen
vollkommen Eins ſind? —

Kein Zweifel, weder die Güter noch die Uebel der
Welt ſollten uns daran hindern, aus allen unſeren
Kräften, koſte es was es wolle, nach dem Beſitze des
Himmels zu trachten, um die Krone des ewigen Le-
bens uns ſicher zu erringen. —

Bei dem Beginne des Krieges, den der römiſche
Senat mit Cajus Gracchus führte, beſtimmte der
Conſul Opimius, daß derjenige, welcher das Haupt
des Cajus Gracchus überbrächte, ſo viel Gold zur

Belohnung erhalten ſollte, als das Haupt ſchwer ſei.
— Man ſah dies als eine große Belohnung an, und
es war ein mächtiger Antrieb für Viele, den Preis zu
gewinnen. — Und Stimulejus ruhte in der That
nicht, bis er den Preis gewonnen hatte.

Chriſten! Brüder! Wenn ein Mann für ſo wenig
Geld, ſein Leben ſelbſt muthig der Gefahr ausſetzt,
bei der Gewißheit, daß er doch ſelbſt ſein Haupt ge=
wiß bald in das Grab legen müſſe, was ſollten wir
nicht bereit ſein, für die Krone des Himmels zu thun,
die nie mehr von unſerem Haupte genommen werden
ſoll? —

Ja wohl, wäre es auch der geringſte Lohn, ſo iſt er
doch, weil er ewig iſt, unvergleichlich; mithin unend=
lich mehr als jeder noch ſo große, irdiſche Lohn; und
dennoch denken ſo wenige daran, den Kaufpreis
ſeliger Unſterblichkeit zu gewinnen, thun ſo wenig
dafür, anſtatt wie Stimulejus gethan, lieber daran
zu denken, den Gewinn ewiger Vergeltung ſo viel
als möglich zu vermehren. —

Stimulejus füllte den Kopf des Cajus Gracchus
ganz mit Blei an. Thun wir etwas ähnliches. Es
ſoll uns nicht genug ſein, ſelig zu werden, ſondern

trachten wir durch die Sehnſucht nach dem Himmel,
unſere Verdienſte, beſonders durch die Reinheit der
guten Meinung zu vermehren, und überhaupt dahin,
daß wir ſo viele gute Werke als möglich und dieſe
möglichſt vollkommen verrichten.

Es braucht dazu nicht, daß wir gerade äußerlich
große und auffallende Dinge thun, ſondern, daß wir
unſere täglichen Werke in reinſter Meinung aus
Liebe zu Gott, ſo vollkommen als möglich ver=
richten. —

Doch, — ſtaunen wir, daß wir noch eine Aufmunte=
rung brauchen, wirklich ſo zu leben. — Wer würde erſt
viel Zuredens bedürfen, daß er für ein Glas Waſſer
oder einen Strohhalm ein Königreich kaufe, oder ein
Körbchen Hobelſpäne mit einem andern voll Gold
und Edelſteine vertauſche? Und würde wohl ein
Hungriger vielen Zuſpruch bedürfen, daß er anſtatt
an einer Apfelſchale zu nagen, dieſelbe wegwerfe, und
ſich an einen mit koſtbaren Speiſen beſetzten Tiſch
hinſetze? —

Mehr ſind alle irdiſchen Opfer nicht, die wir durch
unſer Tugendleben zu tragen haben, im Vergleich
mit den ewigen Gütern. Fürwahr, jeder ſollte wie

David fühlen und bekennen: „Ich habe mein Herz
zur Erfüllung Deiner Gebote geneigt, denn ich habe
der ewigen Jahre gedacht." —

Unser Wille ist wie eine Wage, und das uner=
meßliche Gewicht der verheißenen Himmelsfreuden
sollte von selbst uns zu diesem unumstößlichen Ent=
schlusse neigen:„„Ich lebe und sorge für meine selige
Ewigkeit, und halte, o Gott! Deine Gebote, und
erfülle, so vollkommen ich nur immer kann, Deinen
heiligsten Willen, — koste es mich auch die größte
Beschwerde; sollte ich selbst wie Simon Stylita zeit=
lebens auf einer Säule stehen; fasten wie der
heilige Pachomius; wachen wie der heilige Antonius;
arm und verlassen sein wie der heilige Franziskus;
Verfolgungen leiden, wie der heilige Ignatius; was
ist das Alles, gegen den Gewinn jener Freuden,
die meiner im Himmel warten?" —

Dazu muntert mich nicht nur das Beispiel der
Heiligen auf, sondern das der Weltleute selbst. Was
sind diese nicht zu thun im Stande gewesen, bloß für
einen irdischen Ruhm und Gewinn? —

Das Beispiel, das ich soeben von jenem Römer
anführte, ist nicht das einzige. Die Geschichte ist

voll von ähnlichen Beiſpielen eines ſtaunenswerthen
Heroismus, aus bloß menſchlichen, irdiſchen, winzi=
gen und vergänglichen Beweggründen.　Weil König
Saul verkündigen ließ, daß, wer Goliath überwände,
ſeine Tochter zur Ehe bekäme, ſtellte ſich David ſo=
gleich mit der Schleuder dem Rieſen gegenüber und
überwand ihn. — Weil David ſeinem Kriegsherrn
verkündigen ließ, daß wer immer es wagen würde,
die Jebuſäer, die furchtbarſten Feinde des Volkes
Gottes, anzugreifen, den Oberbefehl in ſeiner Armee
erhalten ſollte ; ſtand Joab ſogleich auf, und nahm
keinen Anſtand, ſelbſt ſein Leben der größten Gefahr
auszuſetzen, und ſich durch Lanzen und Schwerter den
Weg zu dieſer Ehrenſtelle zu bahnen.

Was that nicht Jesbaham, um das Königthum
Davids in Sicherheit zu ſtellen? — Er — ein
Mann erſchlug in ſeinem Grimm acht hundert Mann
mit eigener Hand. — Auf gleiche Weiſe, aus gleicher
Urſache kämpfte Eleazar, der Ahohite, gegen eine
Ueberzahl von Feinden, — ſchlug ſie vor ſich nieder,
bis ſein Arm an dem Schwert erſtarrte.

Wenn dieſe Männer für das Königreich eines
anderen, mit ſolch' einem unbeugſamen Heldenmuth

gekämpft, warum sollten wir nicht für den Besitz des
Himmelreiches, für uns selbst, mit freudigem Muth
selbst unser Leben hinopfern; denn was ist dieses
Leben im Vergleich mit dem Himmel!

Als David dürstete, und sich nach einem Trunk
frischen Wassers aus der Cisterne von Bethlehem
sehnte, da erklimmten drei seiner Helden die Mauern
der Stadt, und brachten ihm das Wasser. — Konn=
ten diese drei Männer ihr Leben auf das Spiel stellen,
um David einen Labetrunk zu verschaffen; was soll=
ten wir nicht zu thun bereit sein, um aus den Freu=
denquellen des Paradieses das Wasser jener Wonnen
zu schöpfen, die allein nur unsere nach Gott dürstende
Seele zu erquicken und zu ersättigen im Stande sind.

Semma gleichfalls, um ein Linsenfeld zu schützen,
kämpfte allein gegen eine ganze Kriegsschaar; was
sollten wohl wir für einen Kampf zu bestehen bereit
sein für die Wahrung der Gefilde des Paradieses
und dessen köstlichen Freudenfrüchten? —

Mit Recht verwunderte sich schon Seneka über die
Selbstverläugnung, Opferwilligkeit, Ausdauer und
den Todesmuth wahrer Soldaten. — Wäre es nicht
ewiger Vorwurf und ewige Schmach für uns,

wenn irdiſche Krieger uns durch ihren Heldenſinn zu
Schanden machen würden? —

Doch ich möchte ſagen, mehr noch beſchämt uns
die raſtloſe Thätigkeit der geſammten Maſſe der
Menſchenkinder. — Was thun dieſe Tag und Nacht,
an jedem Ort, zu jeder Zeit, um auf jede Weiſe
Gewinn zu machen, und denſelben in Sicherheit zu
ſtellen? — Großer Gott! wie beſchämend für uns.
Thomas von Kempis hatte recht, wenn er ſagte:
„Würden wir nur den zehnten Theil deſſen, was wir
für die Vergnügen dieſes Lebens thun, für Gott und
den Himmel arbeiten und leiden, wir Alle würden
große Heilige ſein". —

Ja, die ernſte, oft wiederholte Betrachtung der kommenden Freuden des Himmels und unſere Verherrlichung in Gott, iſt mächtig genug, jedes, auch noch
ſo träge Herz mit Eifer zu beleben, und jeden, auch
noch ſo ſchwachen Willen zu kräftigen und zur ſiegreichen Selbſtüberwindung zu ermuntern, um dem
Antrieb des heiligen Geiſtes aus ganzem Herzen und
aus allen Kräften zu folgen. —

Dies iſt's, was der Herr dem Propheten Ezechiel
in jener Viſion von den vier beflügelten Geſchöpfen

angedeutet. Jedes derselben, wenngleich von ganz
verschiedener Natur, eilte mit Blitzesschnelle vor sich
hin, so wie der Geist Gottes es antrieb. — Was
gab denselben diese bewunderungswürdige Einstim=
mung und Schnelligkeit? — Der Prophet gibt uns
Aufschluß, indem er sagt: „Das Firmament und der
Thron des Himmels war über denselben."

Brüder! Gewiß, wenn der Himmel unsere Sehn=
sucht, unser Gedanke und unser Verlangen ist,
dann werden wir, wenngleich Menschen, den Engeln
gleichen, und werden das Fleisch unter die Herrschaft
des Geistes beugen. Diese Stimmung wird uns
erheben über den Staub der Erde, auf daß wir,
wenn wir einst nach Art der Thiere, nur nach
unten geblickt, und nur gesucht, was hienieden ist,
mit der Gewalt des Adlers uns hoch über alle bloß
irdischen Gelüste erschwingen, und zur Sonne der
Gerechtigkeit, mit festem, sicherem Blick das Auge
heften, und werden den Einsprechungen des hei=
ligen Geistes mit der Schnelligkeit des Windes
folgen.

Fromme Seele! höre was der heilige Vinzentius,
der Martyrer, zu Dacian sagte, und mit welcher Ge=

dulb und Freude der Gedanke an den Himmel ihn
in Mitte ſeiner Peinen und Marter erfüllte. Als
man ihn auf die Folterbank ſpannte, da fragte ihn
der Tyrann mit Hohn und Spott, wo er nun ſei,
und wie er ſich befinde. Der Heilige antwortete
lächelnd, indem er zum Himmel aufblickte: „Ich
bin hoch in den Lüften, von wo aus ich nun dich und
deine Marter verachte." Als man ihm dafür mit
größeren Peinen drohte, antwortete er mit derſelben
Ruhe und Fröhlichkeit: „Wahrlich, deine Drohung,
weit entfernt mich zu erſchrecken, erfreuet mich im
Gegentheil, denn mehr für den Himmel leiden, das
iſt es eben, was meine Seele verlangt." — Als
man ihm darauf mit Zangen das Fleiſch von den
Gebeinen riß, und die Wunden mit Fackeln brannte,
da rief er jubilirend aus: „Umſonſt mühſt du dich
ab, Dacian! denn du kannſt keine Martern erſinnen,
die ich nicht freudig für den Himmel zu leiden entſchloſſen bin." —

So durfte nicht nur Vinzentius bekennen; ſondern für jedes, vom lebendigen Glauben an die
nahenden Himmelsfreuden durchdrungenes Menſchenherz, iſt jede Pein und Marter und jedes Opfer

überſtanden und dargebracht zur Vermehrung der
ewigen Freuden, wahre Erquickung des Geiſtes.

Dies beweiſet auch wunderkräftig das herrliche
Beiſpiel des Martyrers Karl Spinola aus der Geſellſchaft Jeſu, in Japan. —

Er wurde in einen weitgedehnten Feuerkreis geſtellt; denn die Japaneſen pflegten die Martyrer nicht
gleich zu tödten, ſondern ſie vorerſt zu peinigen.
Sie wollten ihn in Mitte dieſes Feuerkreiſes an eine
Säule anbinden, doch Karl Spinola verſicherte, dies
ſei unnöthig, denn der Blick zum Himmel ſei über-
genügend, ihn feſtzuhalten. Und ſo war es. Dieſe
Heiden umgaben von Ferne den Feuerkreis, und
blickten auf den Martyrer, damit er nicht aus dem
Feuer entkäme. Er aber blieb in Mitte des Feuers
ohne Stricke feſt an der Säule, und blickte unver-
rückt zum Himmel. So ſtand Spinola wie unbeweglich da, durch volle zwei Stunden, bis ſeine
ſiegreiche Seele, durch den Brand des Feuers von
den Banden des Leibes entlediget, dahin ſich erſchwang, wohin ſein Geiſtesauge unverwandt geblickt,
um dort in Gott, ſeinem letzten Ziel und Ende, für
ewig Ruhe zu finden. —

Welch' eine Veränderung, in ſo wenigen Stunden! Eine Minute vorher noch in ſolchen Peinen,
verbrannt im Feuer; — und eine Minute hierauf,
umleuchtet mit Glorie und ganz durchſtrömt
von Freuden, verſenkt in Gottes Seligkeit und
Liebe. —

Mit welchem Jubel empfing nicht die unabſehbare
Schaar der Seligen, die auf ihn in ſeinem Marterkampf geblickt, ſeine gebenedeite Seele, um derſelben
für ewig ihre eigene Seligkeit mitzutheilen! —

Der Gedanke an dieſes mit jeder Sekunde näher
kommende unendliche Freudenmeer, war es, der ihn
ſo unbeweglich feſthielt. — Dieſer Gedanke war wie
kühlender Thau, der ſich in die ihn umgebenden
Gluthen ſenkte, und der ihm ſeine Peinen ſo theuer
und koſtbar machte, daß er ſie auch mit keiner Freude
der Welt je vertauſcht hätte. Dieſer Gedanke war es,
der die verzehrende Hitze der Flammen abkühlte, wie
einſt der Engel Gottes den drei Jünglingen im
Feuerofen zu Babylon gethan hat.

Ja, welch' ſüßer, alle Peinen verſcheuender Gedanke: Noch zwei Stunden, — noch eine Stunde,
— noch eine viertel Stunde, — und ich bin in den

endlosen Freuden des Himmels! — Welch' kühlender
Trost für die Seele, während der Leib die Qualen
irdischer Peinen empfindet! —

Darum Christen, Brüder! lasset uns in Mitte
des Feuers der Leidenschaft, die ihre Glühhitze um
uns verbreitet, getrost und hoffnungsvoll zum Himmel
aufblicken: und wir werden ausharren und über=
winden, und das mit um so mehr Trost und Jubel,
je härter der Kampf gewesen und je heftiger uns der
Brand der Leidenschaft durchglühte. — Also sei es:

„Koste es was es wolle, sollte ich auch zeitlebens
erblinden; öffnen muß ich einst meine Augen im
Lichte des Himmels, und schauen die Güter des
Herrn im Lande der Lebendigen. —

Koste es mich auch mein Gehör: — ich opfere es
willig dem Herrn; aber hören muß ich einst die
himmlischen Chöre, und aufnehmen die Zauberflu=
then himmlischer Harmonie in mein Herz.

Sollte ich auch schweigen müssen mein ganzes
Leben lang: — gerne thue ich es; aber öffnen muß
ich einst meinen Mund, und einstimmen in den
Hochgesang der Heiligen vor dem Throne des Lammes,
und mitsingen den Dankgesang der Erlösung, und

erschallen soll auch meine Stimme im Donnerchor des himmlischen Alleluja!

Sollte ich auch lahm und bewegungslos bleiben mein ganzes Leben lang; — sei es! — ich opfere Gott den Gebrauch aller meiner Sinne auf; — doch athmen muß ich einst, den Duft, himmlischer Würze, und erstrahlen soll und muß einst dieser mein Leib; besitzen muß er den Glanz, die Leichtigkeit, Geistigkeit und Wonne der Verklärten! —

Sollte ich auch entsagen müssen jeder gesellschaftlichen Freude auf dieser Welt: — eingehen will und muß ich einst in die selige Gemeinschaft aller Engel und Heiligen.

Sei es, daß mich um der Gerechtigkeit willen alle Welt verfolge und hasse: — erquicken soll und muß mich einst dafür die Liebe aller Auserwählten des Himmels!

Koste es was es wolle: sollte ich selbst die Peinen aller Martyrer leiden: — sehen muß ich Dich einst, o Maria, Mutter Jesu und meine Mutter! Sehen muß ich Dich in Deiner Glorie — Dich im Himmel umfangen, als Dein gerettetes Kind; Dir danken wie es mein Herz verlangt und theilen für ewig die Freuden Deiner Seligkeit und Liebe! —

Koste es was es wolle; sollte ich selbst durch die Peinen der Hölle hindurch: — sehen muß ich Dich einst, o Jesu! in Deiner Glorie, Dich umfangen, als eine durch Dein Blut erkaufte und gerettete Seele, und Dir danken für das Heil meiner Ewigkeit, in Anmuthungen des Herzens an Deinem Herzen, wie nur der Himmel allein dafür mir Worte verleihen kann; und geben muß ich Dir vor Deinem himmlischen Vater und allen Engeln und Heiligen die Ehre, die Dir gebührt, und eingehen auf ewig in Deine Seligkeit und Liebe!

Koste es was es wolle, o mein Gott und mein Alles! kommen muß ich einst zu Dir, o Schöpfer meines Daseins! muß Dich sehen von Angesicht zu Angesicht, o mein Gott und mein Vater! Warum hättest Du mir ein Herz gegeben, das in Nichts Ruhe findet, als in Dir, wenn ich Dich nicht völlig und für ewig besitzen sollte? —

O mein Gott und meine Liebe! wenn ich Dich nicht sehen und lieben, wenn ich Dich, o Leben meines Lebens! nicht besitzen und genießen dürfte,

18

würdeſt Du mir dann auch die Güter und Freuden
der ganzen Welt ſchenken: ſo wollte ich doch lieber
zurückkehren in das Nichts, aus dem mich Deine
Allmacht und Güte gerufen; denn wie könnte mein
Herz im Beſitz aller erſchaffenen Dinge ſich erfreuen,
ohne im Verlangen ſich zu verzehren, mit Dir ver=
einigt zu werden, als meinem letzten Ziel und
Ende? —

Du, Der Du Nieren und Herzen erforſcheſt, Du
weißt es, daß ich Dich liebe, und unendlich mehr
liebe als mich ſelbſt, wie könnte ich dann leben, und
mich glücklich fühlen, ohne mich in Dich zu verſenken?

Koſte es was es wolle, anbeten muß ich Dich einſt
mit jener Huldigung, die Dir gebührt: Dir dankend, o
mein Gott, für Deine große Glorie, und für die Offen=
barung und Verherrlichung jeder Deiner unendlichen
Vollkommenheiten in der Ordnung der Natur und
Gnade. — Preiſen muß ich Dich ewiglich mit allen
Cherubim und Seraphim, durch Jeſum Chriſtum,
und erſetzen, ſo viel an mir iſt die Gleichgültigkeit
und den Undank ſo vieler Deiner vernünftigen Ge=
ſchöpfe, die von Dir abgewichen ſind, und Dich be=
leidiget haben. Werden muß ich Eins mit Dir durch

Jesum Christum, wie Er mit Dir und dem heiligen Geiste Eins ist, und lebet und herrschet in Ewigkeit. —

Anstimmen muß ich vor Dir das Alleluja einer geretteten Seele, und jubeln als Dein für ewig verherrlichtes Ebenbild. Sollte dagegen sich auch das Fleisch und die ganze Welt und Hölle stellen: überwinden muß ich durch Dich, mit David voll des Vertrauens bekennend: „In meinem Gott übersteig' ich die Mauer!" —

Ich, aus mir, bin allerdings schwach; doch mit Deinem Beistand, allmächtiger Gott und Schöpfer! bin ich stark genug, — ja unüberwindlich. — Ich vertraue auf Dich, o mein Gott! und meine Hoffnung von Jugend auf. —

Du, Der Du mich aus Nichts für Dich erschaffen hast, Du bist mächtig genug, mich zu schirmen und zu retten. Du bist die unendliche M a c h t, Du wirst mich stärken im Kampfe.

Ich, aus mir, bin blind, und erkenne nur zu oft den Weg des Heiles nicht klar genug; doch ich hoffe auf Dich, o Gott! Du bist die unendliche W e i s h e i t; Du wirst mich erleuchten, den rechten Weg leiten. —

„Ich, aus mir, bin unentſchloſſen und wankel=
müthig; doch ich hoffe auf Dich, Du biſt die un=
endliche Treue, Du wirſt mich nicht verlaſſen. —

Ich, aus mir, bin ein Sünder, und habe Dich
beleidiget; doch ich hoffe auf Dich, mein Gott! Du
biſt die unendliche Barmherzigkeit: — in
Deine Vaterarme werfe ich mich. Du wirſt hinweg=
nehmen von meiner Seele jede Makel der Sünde.

Ich, aus mir, bin lau, kalt und unvollkommen
Doch ich hoffe auf Dich, o mein Gott! Du biſt die
unendliche Heiligkeit; Du wirſt den Durſt nach
Gerechtigkeit und Heiligkeit des Lebens in mir ver=
mehren, wie Du in den Herzen ſo Vieler vor mir,
die Flamme dieſes Eifers entzündet haſt.

Ich, aus mir, bin unaufrichtig und zwiſchen Dir
und den Geſchöpfen getheilt; doch ich hoffe auf Dich,
o Gott! Du biſt die ewige Wahrheit; Du wirſt
mich kräftigen, daß ich in Wahrheit bekenne: O
mein Gott, und mein Alles! Dein bin ich! —

Ich, aus mir, bin gebunden von den Banden der
Anhänglichkeit an ſo viele erſchaffene Dinge. Doch
ich hoffe auf Dich, mein Gott! Du biſt die unend=
liche Schönheit und die unendliche Seligkeit.

Du wirſt die Einſprechungen Deines Geiſtes in mir
vermehren, und wirſt durch Deine Einſprechungen
und meinen Umgang mit Dir im Gebete, mich mehr
und mehr den Vorgeſchmack himmliſcher Wonne
durch Deine fühlbare Nähe und Deinen Beſitz und
Genuß im innerlichen Leben koſten laſſen, und die
Sehnſucht nach Dir wird endlich jedes dieſer Bande
ungeordneter Anhänglichkeit an das, was Du nicht
biſt, ſiegreich zerreißen.

Ich, aus mir, bin noch zu voll von mir ſelbſt, ich
liebe mich ſelbſt zu viel und Dich, o Gott! zu wenig;
doch ich hoffe auf Dich, o mein Gott und meine
Liebe! Du, o weſentliche Liebe! Du wirſt durch
den Zug Deiner Vereinigung mit mir auf Erden,
mich trennen von mir ſelbſt, auf daß ich lebe in
Dir, und mich ſelbſt nur liebe in Dir, und Dich
in mir! —

Ja, ich aus mir bin Nichts! Du biſt Alles!
Ich bin todt: — Du biſt das Leben! — Ich hoffe
auf Dich, o mein Gott und Schöpfer! Du wirſt mir
den Geiſt der Demuth geben, auf daß ich nichts
Anderes verlange, als zu erkennen und zu erfüllen
Deinen heiligſten Willen, zu Deiner größeren

Ehre, und zur Verherrlichung Deines heiligſten
Namens.

So ſoll an mir Dein Wort ſich erfüllen: „Weil
er auf mich gehofft, werde Ich ihn befreien und glorreich verherrlichen.“ Dieſes Wort ſei in meinem
erkaltenden Herzen und auf meinen ſterbenden Lippen
in der Stunde des Todes: „Ich habe auf Dich, o
Gott, gehofft; ich werde nicht zu Schanden werden!“
— In dieſem Bekenntniß ſoll ſich einſt auflöſen
mein Herz, und dieſes Vertrauen auf Dich, o Gott!
öffnet mir einſt, ſo hoffe ich, die Pforte des Himmels.

Um ſo lebendiger und einflußreicher wird dieſe
Stimmung des Herzens, wenn wir bedenken, wie
nahe der Himmel iſt; wie ſchnell die Zeit heran-
zieht, wo wir ſie wirklich genießen ſollen, dieſe unausſprechlich großen Freuden. — Denn wie ſchnell
zieht ein Jahr vorüber! — Und es gibt der Jahre
nur ſo wenige im menſchlichen Leben! — Wie ungewiß iſt überdies die Dauer desſelben und nur wie
einem vorüberziehenden Schatten gleich unſere Pil-
gerfahrt auf Erden! —

Die heilige Thereſia hatte Recht, wenn, ſo oft die
Stunde ſchlug, ihr Herz bei dem Gedanken frohlockte:

„Gott Lob und Dank! ſo bin ich denn wieder eine Stunde dem Himmel näher!"

„Und Er ſagte zu mir," ſchreibt der heilige Jo= hannes, „die Zeit iſt da. Wer gerecht iſt, der werde noch gerechter, und wer heilig iſt, der werde noch heiliger." *

Ja, Brüder! laſſet uns öfter an den Himmel denken, als wir es bisher gethan; laſſet uns allen Ernſtes an die endloſen, himmliſchen Freuden denken, um mehr für den Himmel zu thun und zu leiden, als wir bisher gethan; damit wir denſelben ſicher gewinnen, und zugleich den möglichſt höchſten Grad der Verherrlichung in demſelben erringen. —

„Siehe, Ich komme bald, und Mein Lohn mit Mir, um Jedem zu vergelten nach ſeinen Werken." —

Ja wohl! Ihr Heiligen Gottes! wie oft und ernſtlich habt ihr an den Himmel gedacht; darum habt ihr auch ſo viel für denſelben gethan, und darum iſt nun auch euer Antheil an dem Jubel ewiger Oſterfreude ſo überſchwenglich groß!

Wir folgen dieſem euerem Beiſpiel in der ganzen

* Ap., 22, 10.

Kraft unseres, durch die Betrachtung des Himmels
gestärkten Willens, belebt von der ganzen Weihe des
Glaubens, der Hoffnung und der Liebe! —

Wir folgen euch mit jener Entschiedenheit, die da
der Charakterzug eueres Lebens gewesen; und wir
sagen mit euerem Muth und Gottvertrauen: In
den Himmel — kann, und — will, und — muß
ich kommen! —

Bittet für uns, ihr Heiligen Gottes; ihr unsere
theuersten Mitbrüder! daß wir ernstlich und ent=
schieden den Weg zum Himmel wandeln, wie ihr es
gethan durch Heiligkeit und wahre Selbstverleug=
nung, damit wir uns bald und für ewig eurer Ge=
meinschaft im Himmel erfreuen! Ihr seid schon dort;
wir wünschen euch Glück! — Doch vergesset unser
nicht; — wir kommen bald!

„Und Jesus sandte Seinen Engel, diese Dinge zu
bezeugen in seinen Kirchen. . . . Und der Geist und
die Braut sprach: Komm! . . . Und der da dürstet,
möge kommen; und der da will, möge schöpfen um=
sonst vom Wasser des Lebens." *

* Apok., 22, 16—17.

Das ist's, was ich gethan. — Angetrieben durch
das Verlangen meines Herzens, nahte ich mich be=
trachtend dem Brunnen des Lebens in stiller Beschau=
ung, und trank nach der Fülle meines Willers von
den Wassern himmlischer Wonne. Ich dachte vom
Himmel und sprach vom Himmel, erleuchtet, so hoffe
ich, vom Geiste Gottes. Mein Verlangen, Gott zu
erkennen, zu lieben, zu besitzen, zu genießen, befähigte
mich zu thun, was ich that; und mein Herz kostete
überschwenglichen Trost und unnennbare Freude in
Erwägung so hoher und glorreicher Dinge. Bedacht,
meine Brüder in Christo zu ermuntern, einen Blick
auf die noch verborgenen himmlischen Güter zu
werfen, wurde mein Geistesauge selbst gestärkt und
erweitert, und während ich Andere zu erleuchten mich
bemühte, überflutheten Ströme himmlischen Lichtes,
ausgehend vom Throne der Gnade, meinen eigenen
Geist. Ja wohl! an den Himmel zu denken, von
ihm zu reden, ist ein glorreiches Thema, und erquickt
das Herz in einer Weise, wie kein Mensch und kein
Engel es je auszusprechen im Stande ist. —

Ich übergab dir somit, fromme Seele! meine
Gedanken über die Freuden des Himmels, damit du

die deinigen daran reihest, und das Verlangen in dir kräftigest, den Himmel siegreich zu erkämpfen.

Das Wichtigste, diesen Zweck zu erreichen, ist der gute Gebrauch jeder Erleuchtung des heiligen Geistes; denn die Heiligung unseres Lebens durch die treueste Vollziehung des erkannten göttlichen Willens ist und bleibt der einzige Weg und das einzige Mittel, den Himmel durch Glaube, Hoffnung und Liebe einst wirklich zu erlangen.

Zum Schluß sage ich mit der Braut in der geheimen Offenbarung: „Komm, Herr Jesu! komm! Amen!"

Inhalt.

Inhalt.